Deus nunca dorme

Para Asher e Julia

Sumário

Introdução

Minha amiga Kathy uma vez me enviou um trecho de *O vinho da alegria*, de Ray Bradbury. No livro, que fala da colheita do verão, um menino adoece e ninguém consegue descobrir o que ele tem. A vida o está vencendo e parece impossível que alguém consiga ajudá-lo, até que um sucateiro, o Sr. Jones, aparece.

Ele se aproxima do menino, que está adormecido no jardim, e sussurra em seu ouvido, pedindo-lhe que apenas ouça. Depois, estica a mão e colhe uma maçã. Então lhe conta um segredo que carregava consigo – e que eu não sabia que carregava também: algumas pessoas chegam frágeis a este mundo. São como frutas macias, que se machucam com mais facilidade. Choram com mais frequência e se tornam tristes ainda jovens. O Sr. Jones sabia disso porque era uma delas.

As palavras mexem com o menino e ele se recupera.

As palavras mexeram comigo. Algumas pessoas se machucam com mais facilidade. Eu sou uma delas.

Levei 40 anos para conseguir encontrar a felicidade e me agarrar a ela. Achava que talvez Deus estivesse dormindo no momento em que nasci, que tivesse perdido a cena e nunca mais se dado conta da minha chegada. Meus pais tiveram 11 filhos e, embora eu ame de todo o coração tanto meus pais como meus cinco irmãos e cinco irmãs, às vezes me sentia perdida no meio da ninhada. Como minha amiga Kathy muitas vezes ressaltou, eu parecia ser a mais frágil do grupo. Aos 6 anos, eu era uma criança confusa por causa da influência das freiras; aos 16, uma alma perdida que bebia demais; aos 21, mãe solteira. Aos 30, me formei na faculdade e, aos 40, me casei com um homem que me trata como uma rainha.

Então, aos 41, tive câncer. Demorei um ano para combatê-lo e mais outro ano para me recuperar de todo o processo.

Quando completei 45 anos, fiquei um tempo deitada na cama refletindo sobre tudo o que a vida havia me ensinado. De repente as ideias começaram a jorrar de minha alma. A caneta simplesmente as transpôs para o papel. Depois eu as digitei e apresentei ao editor do jornal para que fossem publicadas na minha coluna. Eram as 45 lições que havia aprendido com a vida. Meu editor e o chefe dele as detestaram. Pedi que as publicassem mesmo assim. Os leitores as adoraram.

O câncer me deu coragem para desafiar meus chefes. Depois que você enfrenta a químio e a radioterapia, perde os cabelos e passa meses sentindo-se fraco e enjoado, não há muita coisa que alguém possa fazer para atingi-lo. Completar 45 anos foi uma vitória para mim. Por causa do câncer, tive dúvidas de que chegaria tão longe. Três tias minhas haviam morrido aos 42, 44 e 56 anos. Minhas perspectivas não eram boas.

Mas continuei viva. Quando completei 50 anos, escrevi mais cinco lições e o jornal publicou a coluna novamente. Então algo surpreendente aconteceu. Pessoas de todo o país começaram a encaminhar meus textos a amigos. Pastores, enfermeiras e assistentes sociais pediam autorização para reproduzi-los em newsletters, boletins de igrejas e jornais de cidades pequenas. Gente religiosa ou sem religião se identificava com as mensagens. Ainda que alguns textos falassem diretamente de Deus, as pessoas reconheciam verdades universais naquelas lições. Ouvi falar de agnósticos e ateus que carregavam minha lista de lições na carteira ou que as mantinham afixadas na parede no trabalho ou na porta da geladeira em casa.

Desde que essa coluna começou a ser publicada, recebemos e-mails provenientes de todos os cantos do país e até de outros continentes solicitando os textos. Blogs e sites do mundo todo os reproduziram. Em 24 anos de jornalismo, é a coluna mais popular que já escrevi.

Assim, algumas das lições reunidas neste livro são inéditas, mas a maioria delas foi publicada originalmente no *The Plain Dealer* ou no *Beacon Journal*. Todas, entretanto, são presentes que a vida me deu e que agora compartilho com você.

Lição 1

A vida pode não ser justa, mas mesmo assim é boa.

O boné sempre voltava, mais desbotado, porém mais forte do que nunca.

Foi Frank que começou.

Eu havia sido submetida à minha primeira quimioterapia e não me conformava em ficar careca. Então vi um sujeito usando um boné de beisebol com as seguintes palavras: A VIDA É BOA.

A vida não me parecia boa naquele momento e estava prestes a se tornar ainda pior, então perguntei àquele homem onde ele havia comprado o boné. Dois dias depois, Frank pegou o carro e cruzou a cidade até minha casa para me dar um igual. Frank é uma pessoa maravilhosa. Trabalha pintando casas e tem como guia uma simples palavra: *privilégio*.

Isso faz com que ele se lembre de ser grato por tudo. Em vez de dizer "Tenho de ir trabalhar", Frank diz a si mesmo: "Tenho o privilégio de ir trabalhar." Em vez de ter de ir ao mercado, ele tem o privilégio de poder fazer compras. Em vez de dizer "Tenho de levar as crianças ao futebol", ele tem o privilégio de acompanhá--las. Isso funciona para qualquer coisa em sua vida.

Se não fosse Frank a usá-lo, talvez o boné não tivesse a mesma força. Ele era azul-marinho com um aplique oval com a mensagem em letras brancas.

E a vida era boa, embora meu cabelo tivesse caído, minhas sobrancelhas houvessem desaparecido e meu corpo estivesse debilitado. Em vez de colocar uma peruca, usei aquele boné como resposta ao câncer e como meu outdoor. O fato de eu estar careca chamava a atenção das pessoas. Assim, quando alguém ficava me encarando, recebia a resposta.

Aos poucos fui me recuperando, meu cabelo voltou a crescer e guardei o boné. Até que uma amiga teve câncer e me perguntou sobre ele. Ela queria um igual. Eu não planejava me separar do meu – era como se fosse um ursinho de pelúcia, um cobertor de estimação –, mas achei que passá-lo adiante pudesse distribuir sua sorte. Ela me prometeu que ia ficar curada e passaria o boné para outra mulher. Em vez disso, acabou devolvendo-o para mim para que eu o passasse a outra sobrevivente.

Nós o chamamos de Boné da Químio.

Não sei quantas mulheres o usaram nos últimos 11 anos. Perdi a conta. Muitas amigas receberam diagnósticos de câncer de mama. Arlene. Joy. Cheryl. Kaye. Sheila. Joan. Sandy. Uma após outra o passou adiante.

Quando voltava para mim, o boné sempre parecia mais surrado e gasto, mas cada mulher tinha um brilho novo no olhar. Todas que usaram o Boné da Químio continuam vivas e fortes.

Ano passado, meu amigo Patrick, que tinha 37 anos, descobriu um câncer no intestino. Eu não sabia se o boné valia para qualquer tipo de câncer, mas o levei para meu amigo mesmo assim. Patrick contou a história do boné para a mãe e disse que ele fazia de meu amigo mais um elo numa grande corrente de sobrevivência. Depois disso, a mãe dele encontrou a empresa que fabricava o boné e outros produtos com a mesma frase. Ligou para lá, falou sobre essa história e encomendou uma caixa inteira deles.

Ela enviou os bonés para os parentes e amigos mais próximos de Patrick. Eles tiraram fotos usando-os. Patrick cobriu a geladeira com imagens de pessoas queridas ao lado de seus filhos e cachorros usando o boné "a vida é boa".

Enquanto isso, os gerentes da empresa que fabricava o boné ficaram comovidos com a atitude da mãe de Patrick. Eles se reuniram com os funcionários e, "no espírito do Boné da Químio, que levava sorte a quem o usava", os convidaram a passar seus bonés a alguém que precisasse de estímulo. Eles mandaram para Patrick uma foto com os 175 funcionários usando o boné.

Patrick não usou o boné, mas ele o manteve em cima de uma mesa ao pé da escada, onde podia ver sua mensagem todos os dias. Aquilo o ajudava a superar os piores momentos, quando queria abandonar a quimioterapia e desistir. Qualquer um que já tenha tido um câncer sabe como eles são. Mesmo quem não teve pode entender.

Na verdade, não era o boné, mas sua mensagem, que nos fazia, e nos faz, seguir em frente.

Patrick terminou a quimioterapia e está bem.

A vida *é* boa.

Passe isto adiante.

Lição 2

Quando não souber o que fazer, apenas dê um pequeno passo adiante.

Minha vida costumava ser como uma brincadeira de estátua. Toda vez que algo me acontecia, eu ficava congelada, com medo de tomar uma decisão e seguir o caminho errado. O problema é que, quando você fica parado por tempo de mais, *essa* se torna sua decisão.

Há uma cena em *O Natal de Charlie Brown* em que Charlie vai procurar Lucy, que lhe cobra 5 centavos pela "consulta" como psiquiatra. Lucy faz todo o possível para encontrar um diagnóstico para a depressão do amigo.

Se ele está com medo de assumir responsabilidades, deve ter hipengiofobia.

Charlie Brown não tem certeza se são as responsabilidades o que ele mais teme.

Lucy continua tentando identificar o problema. Se ele tem medo de escadarias, talvez esteja com climacofobia. Se a questão for o medo do mar, talassofobia. Ou talvez ele tenha gefirofobia, o medo de atravessar pontes.

Lucy finalmente acerta o diagnóstico: pantofobia.

Quando ela pergunta a Charlie Brown se é isso que ele tem, o garoto não sabe do que se trata. Quando descobre, fica ao mesmo tempo espantado e aliviado.

O que é pantofobia? O medo de *tudo*.

Na mosca! É o que Charlie Brown tem.

E eu também.

Fiz o ensino médio aos trancos e barrancos, usando o álcool como bússola. Escolhi uma faculdade que ficava perto de casa simplesmente porque não conseguia me imaginar cumprindo todas as etapas necessárias para fazer diferente: inscrever-me, ser aceita, sair de casa e ir morar em um dormitório em alguma cidade distante.

Eu pegava diariamente um ônibus que fazia o trajeto de 10 quilômetros até a Universidade Estadual de Kent não porque ela fosse uma instituição boa, sólida e confiável (o que na verdade era), mas porque não conseguia me imaginar mudando de vida para estudar, como minhas três irmãs e meu irmão mais velhos tinham feito. Eles se formaram pela Universidade Estadual de Ohio, uma das maiores do país. Em Kent, meu mundo continuava pequeno e seguro. Eu comia na cantina com pessoas que conhecia desde a escola.

Logo no início da faculdade, fui reprovada em química. A matéria havia ficado difícil demais, então parei de ir às aulas. Mudei de curso três vezes. Depois, aos 21, fiquei grávida e larguei a faculdade. Parei de beber, mas só arrumava empregos que não pareciam adequados para mim. Auxiliar no Departamento de Trânsito. Secretária de defensor público. Recepcionista em centro de tratamento de alcoolismo. Agente funerária.

O que eu ia fazer da vida? O futuro me assolava. Então, um dia, uma amiga sugeriu o seguinte: simplesmente dê um pequeno passo adiante.

Um pequeno passo? Só isso?

Isso eu consigo fazer.

Geralmente, sabemos qual é o próximo passo a dar, mas ele parece tão pouco significativo que o ignoramos. Nossa visão está focada em algo muito mais à frente e tudo o que conseguimos enxergar é um salto gigantesco e assustador até lá, em vez de um passo pequeno e simples de cada vez. Então, esperamos. E esperamos. E esperamos. Como se um plano mestre pudesse de repente se desenrolar aos nossos pés como um tapete vermelho.

Mas, mesmo que se desenrolasse, ficaríamos com medo de pisar nele.

Eu queria terminar a faculdade, queria ter uma carreira que eu amasse em vez de apenas um emprego que suportava, mas no que eu deveria me formar? Como pagaria os estudos? Que tipo de emprego arrumaria ao terminar o curso? Havia muitas perguntas e nenhuma resposta.

Então um dia minha mãe mostrou o pequeno passo adiante que eu poderia dar. "Arrume um guia de cursos", sugeriu ela.

Só isso? Isso eu consigo fazer. Então arrumei um guia. Depois, o abri. Depois, fui folheando-o e destacando com um marca-texto as disciplinas que eu gostaria de cursar simplesmente porque pareciam interessantes, não porque eu tinha de me formar em alguma coisa.

Sentei-me no chão da sala e fui virando uma folha após a outra. De início, como uma criança cuja aula favorita é o recreio, marquei disciplinas como equitação, caminhada e excursionismo. Depois, algumas de psicologia e artes. Depois, umas aulas de língua inglesa. Folheei o catálogo inteiro e li todas as descrições de cursos. Fui desde antropologia até zoologia. Depois, voltei ao início do guia para ver qual curso tinha mais disciplinas destacadas. Acabei encontrando uma arca do tesouro. Redação jornalística. Reportagem. Redação para revistas. Editoração. Nossa!

Jornalismo.

Então, fiz uma disciplina de redação. Depois, outra. E mais outra.

Quando não souber o que fazer, apenas dê um pequeno passo adiante. Geralmente trata-se de algo bem simples. Como E. L. Doctorow disse, escrever um livro é como dirigir um carro à noite: "Você nunca enxerga nada além da luz dos faróis, mas consegue fazer a viagem assim." Essa filosofia também se aplica à vida. Só preciso de luz suficiente para seguir adiante.

Formei-me em jornalismo pela Universidade Estadual de Kent quando completei 30 anos. Dez anos depois, concluí o mestrado em estudos religiosos pela Universidade John Carroll. Nunca pus na ponta do lápis o que seria necessário para conseguir fazer um mestrado. Se tivesse feito isso, jamais teria assinado o cheque da primeira mensalidade. Foram cinco anos, milhares de dólares e centenas de horas assistindo a aulas, fazendo trabalhos em casa ou pesquisando (geralmente tarde da noite, na hora do almoço ou nos fins de semana).

Simplesmente fiz uma disciplina, depois outra e mais outra. E, um dia, havia terminado.

Foi como criar minha filha. Nunca sonhei que seria mãe solteira durante 18 anos. Minha filha concluiu o ensino médio no mesmo mês em que terminei meu mestrado. Sou grata por não ter imaginado, quando ela nasceu, o que me custaria em termos de tempo, dinheiro e sacrifício guiá-la até sua formatura. Eu teria ficado aterrorizada.

Vez por outra, algum especialista calcula quanto custa criar um filho. Trata-se de cifras de seis dígitos. O dinheiro não assusta os candidatos a pais, mas, se alguém avaliasse o tempo e a energia necessários para criar uma criança, a raça humana estaria em extinção.

O segredo de ter sucesso, de criar filhos, de viver, é não contabilizar o custo. Não se concentre em todos os passos de uma vez. Não pense no salto enorme que seria necessário para cruzar o abismo entre o ponto em que você está e aquele a que quer chegar. Isso o impede de dar o próximo passo.

Se você quer perder 20 quilos, peça salada em vez de batatas fritas. Se quer ser um amigo melhor, atenda o telefone em vez de deixar a ligação cair na secretária eletrônica. Se quer publicar um romance, sente-se e escreva um parágrafo.

Grandes mudanças assustam, mas dar um pequeno passo geralmente não nos intimida. Um pequeno passo de cada vez. Basta isso para criar um filho, obter um diploma, escrever um livro ou fazer o que seu coração deseja, seja o que for.

Qual é o próximo passo que você precisa dar? Seja qual for, não deixe de dá-lo.

Lição 3

A vida é curta demais para você perder tempo odiando.

As crianças não viam o pai havia 10 anos.

Quem podia culpá-las?

Não falavam com ele havia quatro anos.

Não restava nada a ser dito.

O pai nunca parou de beber. Como tantos outros alcoólatras, ele parava, mas sempre voltava. Esforçava-se e ficava sóbrio um tempo, mas nunca conseguia permanecer assim.

Minha amiga Jane tentou fazer com que o casamento desse certo apesar das promessas quebradas e da conta bancária no vermelho. Ela criava os filhos, o marido criava os problemas.

Jane aguentou 20 anos. Ele era uma boa pessoa quando não bebia. Tinha um coração de ouro e era divertido. Não era violento, mas negligenciava a família. Não conseguia se estabilizar em um emprego. Não conseguia pagar as contas. Não conseguia cumprir sua parte em nada. Acabaram perdendo a casa.

Um dia, Jane finalmente desistiu do que havia sobrado daquele casamento. Quando eles se divorciaram, em 1979, os filhos eram adolescentes. A filha mais velha tinha 17 anos, o filho do meio, 15, e a caçula, 13. Anos se passaram. O pai entrava e saía da vida deles. Ficava mais de um ano sem telefonar para os filhos. Tentou a reabilitação. Sempre tinha recaídas.

Aos poucos, ele foi sumindo da vida deles. Dez anos se passaram sem uma visita, quatro anos sem um telefonema. Então, em uma primavera, o telefone tocou e o filho de Jane atendeu. Era de um hospital em Ohio. Estavam tentando localizar um parente.

O rapaz telefonou correndo para a mãe. Mais tarde Jane me diria que foi como se houvesse levado um soco no estômago quando ouviu o filho dizer: "Papai está com um câncer terminal."

Mas uma coisa estranha aconteceu. Toda a dor e a raiva acumuladas ao longo de anos desapareceram.

O ex-marido não havia se casado novamente, não tinha família nem dinheiro. Nunca tinha visto os seis netos. Estava mal de saúde, internado no hospital havia uma semana. Já passara por uma cirurgia no intestino por causa de um câncer e ninguém ficara sabendo. Não lhe restava muito tempo de vida.

Ela levou os filhos até o hospital para vê-lo. Não entrou no quarto. Jane havia se casado novamente e construído uma nova vida. Não via o primeiro marido havia 20 anos e não queria incomodá-lo com sua presença, nem queria correr o risco de se aborrecer e depois não conseguir apoiar os filhos.

Sentada do lado de fora do quarto, ela teve tempo para analisar o que deveria fazer. Na volta para casa, disse aos filhos que pagaria todas as despesas médicas. Depois, ajudou a transferir o pai deles para uma clínica especializada em pacientes terminais. Ela acompanhava os filhos todos os dias na visita para dar força a eles, mas nunca entrava no quarto. Aquele não era seu papel.

Nos dias que lhe restaram, o pai e os filhos se reaproximaram. Os ressentimentos foram desaparecendo. Quando conversavam sobre o passado, os filhos se esforçavam para lembrar os bons momentos. Diziam que o amavam – e descobriram que era verdade.

Quando ele faleceu, Jane e os filhos cuidaram do enterro, escolheram o caixão e as flores. Decidiram que não haveria velório.

Não queriam desrespeitá-lo com horas a fio sem ninguém para se despedir dele ou com pessoas que ficariam perguntando sobre aqueles anos perdidos.

Queriam que ele pudesse morrer da forma como não havia conseguido viver: dignamente. A morte fez com que todos descobrissem uma nova paz. Ele não sofreria mais de câncer ou de alcoolismo. Ele estava livre, e eles também.

Uma filha leu um poema que havia escrito. Os irmãos falaram das boas lembranças que tinham do pai. Minha amiga agradeceu aos que haviam comparecido.

Jane pagou tudo: as contas do hospital, os cuidados na clínica, o funeral, as flores. Quando lhe perguntei por que havia se esforçado tanto para ajudar um homem que tinha lhe causado tanta dor, ela disse que a resposta era simples: "Era o pai dos meus filhos."

Como atingir esse nível de perdão e amor?

Para alguns, é natural. Para outros, um trabalho árduo.

No livro dos Alcoólicos Anônimos, há uma orientação para quem não recebeu esse dom e quer se libertar dos ressentimentos. Ela vale para qualquer pessoa que se disponha a segui-la. O livro diz que uma vida de ressentimentos só leva a futilidades e infelicidade. E os ressentimentos nos isolam da luz do Espírito.

Em um de seus capítulos, cita-se um artigo escrito por um pastor:

> *Se você tem um ressentimento do qual quer se libertar, ore pela pessoa ou pela coisa que é alvo de seu ressentimento e você se libertará. Se pedir na prece que tudo o que desejar para si mesmo seja dado ao alvo do seu ressentimento, você será livre. Deseje-lhe saúde, prosperidade e felicidade e você se libertará. Mesmo que, no fundo, você não deseje nada daquilo para a pessoa e que sua prece sejam meras palavras sem uma intenção verdadeira,*

ainda assim, ore. Faça isso todos os dias durante duas semanas e você descobrirá que sua intenção se tornou verdadeira, que é o que você realmente deseja e que, onde havia amargura, ressentimento e ódio, agora há compaixão, compreensão e amor.

Eu experimentei. Os resultados são incríveis.

Às vezes, quando estou fraquejando, preciso rezar pedindo forças para conseguir orar por aquela pessoa. A força sempre surge.

Quer se livrar da raiva, do ódio e do ressentimento? Liberte os outros primeiro. Ao libertar o ex-marido, Jane se libertou da primeira parte da sua própria vida e seus filhos se libertaram para o resto da vida deles.

Lição 4

Não se leve tão a sério.

"Relaxe. Você é intensa demais. Não se leve tão a sério." Eu costumava ouvir isso o tempo todo, de parentes, amigos, colegas de trabalho ou qualquer um que me ouvisse falar por mais de cinco minutos.

Do que eles estavam falando? Eu não fazia a menor ideia, até que a vida me venceu pela insistência. Foram necessárias décadas para que eu agitasse a bandeira branca e encontrasse a paz na imperfeição.

A ideia de que eu tinha de ser perfeita em tudo nasceu comigo; eu me sentia insignificante em qualquer coisa. Ao longo de toda a minha vida, meu cérebro vem mandando avisos falsos. Ele ainda me diz que, sempre que não sou absolutamente perfeita, sou um fracasso. Meu cérebro parece daltônico, enxerga o mundo em preto ou branco: sim ou não, certo ou errado, tudo ou nada. A massa cinzenta dentro do meu crânio não consegue distinguir que há nuances em tudo na vida, que o mundo não é uma matéria de escola na qual você é aprovado ou reprovado.

Um dia, finalmente entendi que eu colocava energia de mais em tudo que fazia. Eu havia trabalhado semanas em uma matéria que havia acabado de ser publicada em uma revista do jornal de domingo. Foram necessárias dezenas de entrevistas e revisões para deixá-la perfeita. Então, o telefone tocou. Era uma das pessoas citadas na matéria, ligando para me agradecer. Mas, no meio da conversa, ela mencionou que eu havia errado a grafia de seu nome. O quê? Eu tinha conferido todos os fatos e grafias pelo menos duas vezes. De alguma maneira, tinha deixado passar um nome errado.

Enterrei o rosto nas mãos e comecei a chorar. A matéria tinha mais de 3 mil palavras. Eu havia errado a grafia de uma, mas estava dando nota zero a mim mesma. Quando me viu chorando, uma colega de redação veio correndo.

– Você está bem? O que aconteceu? – perguntou ela, achando que alguém tinha morrido.

– Eu errei... a grafia... de... um... nome – solucei.

Ela olhou para mim pasma.

– Só isso? – disse ela.

Ela balançou a cabeça e foi embora. A expressão do seu rosto me paralisou. "Relaxe", ouvi. Só que dessa vez não havia ninguém falando. Era algo que vinha de dentro de mim.

O fato de me levar tão a sério também havia me transformado em uma obsessiva multitarefa. Eu não conseguia delegar nenhum trabalho, por mais simples que fosse. Tudo tinha de ser feito com perfeição e só confiava em mim mesma para isso. Criava listas gigantescas de tarefas a cumprir, mas esquecia minhas próprias necessidades. Dava importância exagerada a tudo o que fazia, como se o mundo não pudesse girar sem mim.

As plantas que eu tinha em casa eram um ótimo indicador do meu grau de descontrole. Elas funcionavam como aqueles passarinhos que os homens levavam para avaliar a qualidade do ar nas minas de carvão. Quando o pássaro reclamava, era hora de sair. Quando minhas plantas estavam quase mortas, era meu sinal para parar, respirar, avaliar minha vida e diminuir a busca pela perfeição. E se minhas plantas estavam mostrando sinais de negligência, eu provavelmente precisava passar mais tempo com minha filha também.

Havia muitos sinais que me diziam para relaxar, diminuir o ritmo e me concentrar no que realmente importava. Como, por exemplo, quando eu ia pegar um copo sujo e não conseguia porque ele estava grudado na bancada. Ou quando acabava comprando mantimentos na loja de conveniência da esquina porque não tínhamos pão, leite, papel higiênico nem pozinho para suco, que era um artigo básico na minha casa. (Minha filha costumava levar para a escola o mesmo sanduíche quase todos os dias – pão integral com manteiga de amendoim e pozinho de suco polvilhado por cima, um efeito colateral indesejado da minha juventude.)

Por ser mãe solteira, não havia outra pessoa que fosse ao mercado por mim. Se eu não conseguisse encontrar tempo para isso em algum momento durante a semana, acabávamos usando lenços de papel, ou algo pior, no lugar do papel higiênico.

Em alguns aspectos, eu já havia pisado no freio. Havia passado a tomar café da manhã em casa. Antes eu comia cereais enquanto dirigia para o trabalho. Tive que comprar capas para os bancos para esconder as manchas. Depois que troquei de carro, estabeleci uma nova regra: nada de comida nem de bebida atrás do volante. Quebrei a regra comendo alimentos sólidos, mas me abstive de líquidos (e colocava um jornal no colo para aparar as migalhas que caíam).

E passei a respeitar o limite de velocidade. Duas multas de 50 dólares em um mês e meio e uma visita aos tribunais não haviam sido suficientes para me convencer, anos antes, de que seria mais barato sair de casa 10 minutos mais cedo do que dirigir 15 km/h acima do limite de velocidade. Só quando o seguro do meu carro ficou mais caro eu jurei obedecer à lei. Hoje considero um elogio quando as pessoas reclamam que dirijo devagar.

Ainda me machuco vez por outra quando tento correr para levar a vida ilusoriamente perfeita planejada em minha agenda. Minha cabeça às vezes está três passos à frente do corpo. Entro rápido demais porta adentro e bato com o quadril no alizar. Viro uma esquina e esqueço que metade de mim ainda está do outro lado. Com arquivos de aço, é pior ainda. As quinas deles me deixam com hematomas de todas as cores.

Mas isso não é nada se comparado ao estrago que meu ego sofreu no dia em que me senti publicamente humilhada por não ter reservado tempo para me despir adequadamente. Eu costumava tirar a roupa às pressas, já correndo para fazer algo mais importante. Então, não tirava a calça, a meia, a meia-calça e a calcinha, uma de cada vez. Puxava tudo junto. A calcinha e as meias acabavam emboladas na calça.

Um dia, vesti uma calça às pressas e disparei porta afora. Na época, eu era bastante pretensiosa. Achava que meu dia se resumia a livrar-me de coisas importantes para conseguir fazer coisas mais importantes ainda. Naquele dia, um dos itens a eliminar da lista era ir ao mercado. Quando desci do carro no estacionamento, meu salto pousou em algo macio. Minha primeira reação foi reclamar, achando que tivesse pisado em cocô de cachorro. Olhei para baixo e vi um emaranhado marrom. Era um bolo de lingerie feminina. Abaixei-me para puxá-lo e vi que estava preso a algo pendurado na perna da minha calça.

Confusa, fui puxando o emaranhado, sentindo algo descer pela minha perna, até que uma meia-calça embolada surgiu em minhas mãos. Foi quando percebi, horrorizada, que um homem havia acompanhado tudo. A cena daquele homem me observando da calçada se fixou em minha mente como uma fotografia. Faz com que eu me lembre sempre de relaxar e diminuir o ritmo.

Ainda esbarro em arquivos de vez em quando, mas, até agora, o incidente da meia-calça não se repetiu (apesar de uma vez eu ter notado uma protuberância em minha coxa que, depois que enfiei a mão por dentro do jeans, descobri ser uma meia que havia ficado ali desde a última vez que eu a havia usado).

Talvez eu devesse tê-la deixado lá para amortecer as pancadas.

Lição 5

Pague o total da fatura do cartão todo mês.

Meu pai pagava tudo em dinheiro.

Quando não tinha dinheiro para comprar alguma coisa, não precisava dela.

Trabalhava como funileiro, telhador ou caldeireiro, dependendo da época do ano. Instalava calhas e consertava telhados no verão; construía dutos de calefação e fazia reparos em caldeiras no inverno.

Eu nunca soube quanto ele ganhava, mas o pouco que tinha gastava com os 11 filhos. Apesar de não haver luxos, tínhamos tudo de que precisávamos.

Meu pai nunca disse "não podemos pagar". Nunca o ouvi dizer algo como "não temos dinheiro para isso". Ele avaliava nosso pedido e dizia: "Vocês não precisam disso."

E tinha razão. É claro que não precisávamos. Simplesmente queríamos.

Ele nos ensinou a controlar nossos desejos.

Vivi sem cartão de crédito o máximo que pude, até precisar de um para fazer uma reserva de hotel. O cartão me deixou atônita. Ninguém havia me ensinado a comprar a crédito. Uma vez, paguei o saldo total da fatura uma semana depois do vencimento. No mês seguinte, veio uma cobrança de 25 dólares pelo atraso.

Aprendi a lição: se eu tivesse pagado menos do que o total, mas na data, não precisaria perder aquele dinheiro.

A parte sobre os juros demorou um pouco mais para entrar na minha cabeça. Levei um tempo para perceber que o casaco que eu havia comprado em uma liquidação não sairia nada barato se ainda estivesse sendo pago seis meses depois, com juros de 14%.

Comecei a analisar a fatura mensal item por item. Se eu tivesse pagado em dinheiro a maioria das coisas listadas, teria feito escolhas diferentes. É muito mais fácil pagar uma conta de 30 dólares apresentando um cartãozinho de plástico do que sacando três notas de 10. Pagar em dinheiro faz com que você pense duas vezes. Quando tenho de tirar as cédulas da carteira para comprar uma calça jeans que quero, mas de que não preciso, sinto o baque imediatamente e, às vezes, decido não levá-la. Quando uso o cartão de crédito, não sinto nada até a fatura chegar. Aí o golpe é maior, mas já é tarde demais.

A maioria das pessoas esbanja um dólar aqui, cinco ali. No final, desperdiçam centenas ou mesmo milhares de dólares a cada ano. Muitos pensam "se eu ganhasse mais...", "se conseguisse um aumento...", "se me casasse com alguém rico...". Mas problemas de dinheiro não têm a ver com dinheiro. Têm a ver com a maneira como você *pensa* sobre dinheiro. Como você *se comporta* em relação ao dinheiro. E isso você pode mudar.

Em *The Finish Rich Workbook*, David Bach ensina a importância de economizar, mesmo que pouco. Quando compro um café de 3,50 dólares todos os dias, acabo gastando 24,50 dólares por semana. Se investisse esse dinheiro com uma correção de 10% ao ano, teria 242.916 dólares em 30 anos. Essa ideia pode ser aplicada a qualquer coisa.

Deixando de gastar 50 centavos por dia das moedas de troco que ficam soltas na bolsa, em 30 dias economizo 15 dólares. Se consumir menos um litro de refrigerante por semana, economizo 6 dólares por mês. Levando almoço para o trabalho, deixo de gastar outros 60 dólares. Economizo 30 deixando de comer fora duas vezes no mês. Se nenhum cheque meu voltar, são menos 20 dólares em tarifas. Pagando o cartão de crédito em dia, evito uma multa de 25 dólares. Somando tudo, são 1.872 dólares por ano.

Comecei a anotar quanto gastava em guloseimas. Até eu somar os valores, batatas fritas, refrigerantes, chocolates e biscoitos não pareciam custar muito. Mas não pude acreditar quando vi que gastava 30 dólares por semana nisso.

O livro de David Bach me convenceu a comer menos besteiras e a economizar o dinheiro que eu desperdiçava com elas. Também me levou a colar um adesivo com um lembrete em minha carteira: "Pague em dinheiro. Espere 48 horas." Antes de comprar qualquer item caro e não emergencial, me dou dois dias para pensar se aquilo é uma necessidade ou só um desejo.

Já não acumulo dívidas no cartão de crédito. Nunca. Quando compro algo caro no cartão, logo em seguida faço um depósito no mesmo valor para a operadora. Assim, não fico com peso na consciência quando recebo a fatura, porque ela está paga.

Não é ganhar na loteria que faz as pessoas se livrarem das dívidas. Se fosse, não haveria tantos ex-ganhadores que hoje não têm um centavo sequer. Para zerar as dívidas, o primeiro passo é mudar sua forma de pensar e, depois, seu comportamento. Começa com um pequeno passo: aprender a diferenciar desejos de necessidades.

Certa vez, ouvi falar de uma mulher que separava todas as moedas de 25 centavos que recebia. Era para a faculdade do filho. Ela juntou 10 mil dólares. Outra mulher guardava 10% de todo o dinheiro que ganhava, inclusive do que recebia às vezes de presente no Natal ou no aniversário. Seu salário era de pouco mais de 480 dólares, mas ela comprou à vista um jogo de quarto de 400.

Em nove anos, uma mulher que parou de fumar mandou instalar um sistema de ar-condicionado central, comprou uma nova caldeira e trocou o carpete da casa toda com os 100 dólares mensais que deixou de gastar em cigarros. Esse dinheiro teria virado fumaça. Sei de pessoas que depositam 10 dólares por semana em uma conta para os gastos de Natal e de outras que, quando vão ao mercado, priorizam o que está em promoção.

Também conheço uma mulher que pôs na sala de casa um pote de vidro com a etiqueta "férias na praia". Quando os filhos pediam dinheiro para tomar sorvete ou comprar doces, ela lhes lembrava que podiam escolher entre as guloseimas ou as férias. Ela conseguiu juntar metade do dinheiro necessário para a viagem assim, e ainda ensinou às crianças a fazerem boas escolhas. Meu marido e eu jogávamos nossos trocados em um garrafão de plástico que colocamos no quarto. Levamos seis anos para enchê-lo, mas, no final, juntamos 1.300 dólares.

Levar uma vida de fartura não depende de ganhar na loteria, casar-se com uma pessoa rica ou conseguir um aumento de salário. Começa com sua conscientização e cresce a partir daí. O primeiro passo é saber que aquilo que você quer nem sempre é algo de que precisa (e, muitas vezes, você nem quer tanto assim). São escolhas inteligentes que geram satisfação a longo prazo.

Lição 6

Você não precisa vencer todas as discussões. Concorde em discordar.

Uma vez caí na gargalhada ao ler sobre o acordo pré-nupcial de 16 páginas que um casal elaborara para abranger suas exigências, que iam desde não guardar o carro com menos de meio tanque de gasolina até nunca deixar meias sujas pelo chão.

Eu era solteira na época. Depois que me casei, aquilo deixou de parecer tão engraçado. Havíamos assinado a escritura de nossa primeira casa quando nos deparamos com grandes impasses acerca de pequenos detalhes.

Sempre achei que meu companheiro fosse o tipo diplomático. Nós nos casamos tarde, no ano em que completei 40. No início do namoro, Bruce uma vez havia comentado que existiam dois tipos de mulheres: as que faziam as unhas e as que não faziam. Quando escondi minhas mãos e perguntei que tipo ele preferia, a resposta foi: "Ambos."

Sua capacidade de dizer a coisa certa me impressionava. Ainda na época do namoro, um episódio em uma cafeteria me mostrou que tipo de homem ele era. Estávamos em uma mesa do lado de fora com um amigo dele quando passou uma mulher atraente, de seios fartos e sem sutiã. O amigo deu um cutucão em Bruce e os dois olharam para ela e sorriram como dois adolescentes. Fiquei furiosa.

No carro, na hora de irmos embora, eu disse a Bruce que seu comportamento havia sido grosseiro em relação à mulher e a mim. Eu esperava que ele revirasse os olhos e dissesse que eu era sensível demais e que deveria esquecer o assunto. Estava preparada para uma discussão e já havia repassado mentalmente todos os meus argumentos.

Bruce me escutou, olhou nos meus olhos, pegou minha mão e pediu desculpa imediatamente. "Você tem razão", disse ele. "Agi como um adolescente. Não vou fazer mais isso."

O quê?! Eu não estava preparada para aquilo. Queria discutir, defender meus argumentos, vencer a disputa. Em vez disso, ele havia se rendido.

Bruce é uma das raras pessoas que conheço que, quando vê que está errada, admite isso imediatamente, com a cabeça erguida e o ego intacto. Ele não sente necessidade de vencer todas as brigas e é o primeiro a admitir quando isso não é possível. Se percebe que uma discussão chegou a um impasse, ele diz calmamente, como um ganhador do Prêmio Nobel da Paz: "Você não vai me convencer e eu não vou convencer você, então, vamos concordar em discordar."

É difícil argumentar contra isso.

Eu nunca ouvira nada do gênero antes de conhecê-lo. No início, detestava quando ele usava essa frase. Para mim, se duas pessoas começavam uma discussão, uma delas teria de sair vencedora. E tinha de ser eu. Não havia chance de empate. Mas concordar em discordar significava que ninguém precisaria estar certo nem errado.

Isso não é fácil, principalmente em um casamento. Quando soubemos que nossa oferta pela casa havia sido aceita, nós dois começamos a fazer planos. Parecia que havíamos comprado duas casas diferentes. Eu queria me livrar da maior parte da nossa mobília usada e começar da estaca zero. Ele queria ficar com todas as cadeiras velhas, as poltronas e as luminárias que tinha desde a época da faculdade.

Ele imaginou que meu escritório ficaria no cômodo com varanda no segundo andar. Eu me via instalada no que tinha estantes embutidas. Ele queria transformar o cantinho do café da manhã, onde eu leria meu jornal em paz todos os dias, no cantinho do computador. Ele planejava comprar uma máquina de lavar e uma secadora de roupas pequenas e colocá-las na cozinha. Eu não conseguia me imaginar sentindo cheiro de sabão em pó enquanto cozinhava. Ele deu uma olhada na varanda lateral e pensou em fechá-la com vidros. Eu pensei em acrescentar apenas um balanço e muitas plantas.

Tentei ser diplomática também e sugeri que, antes de qualquer reforma, avaliássemos de que maneira cada cômodo seria usado. Hum, vejamos: cozinha e comida *versus* cozinha e roupa suja. O que fazia mais sentido? Cantinho do café da manhã mais computador: isso não me parecia uma boa mistura. Ele reivindicou a parede da sala de jantar para colocar seus livros. O cômodo ficou parecendo uma livraria.

Ele queria colocar uma prateleira no banheiro, bem em cima do vaso, para pôr um rádio e uma TV (embora use barba comprida, ele a apara todos os dias e assiste à CNN enquanto isso), além de livros e revistas. Livros no banheiro? Quanto tempo ele planejava passar ali dentro?

Se é verdade que os homens são de Marte e as mulheres de Vênus, meu marido é de Plutão. Para mim, o quarto é um refúgio. Para ele, é quase um esconderijo. Na verdade, acho que ele via todos os cômodos assim e tentava decorá-los à altura. Quando ele disse a palavra "alcova", imaginei lambris escuros e papel de parede com estampa de patos, uma vitrine com armas e restos sortidos de animais pelo cômodo (cabeça de alce, tubarão empalhado, tapete de urso). Ele não gosta de bichos mortos, mas de fato precisou de um lugar onde pôr suas geringonças, grandes e pequenas, inclusive um aparelho de ginástica que custou mil dólares e foi usado apenas duas vezes (a menos que pendurar roupas nele conte). Costumo dizer que é o cabide mais caro do mundo.

Para que não pensem que sou inflexível, eu já havia feito uma concessão em relação à coisa mais importante: concordamos em usar a cama dele em vez da minha. E ele escolheu o lado que queria, porque, mesmo quando morava sozinho, sempre dormia do mesmo lado (e mantinha o outro arrumado).

Era mais fácil fazer concessões nas coisas grandes do que nas pequenas. Acabamos tropeçando nos detalhes, os quebra-molas da vida. Ele queria pendurar suas 200 gravuras nas paredes. Teria ficado feliz se cada cômodo parecesse uma lanchonete temática. Deixei que ele pusesse sua *memorabilia* da Guerra Fria na sala de jantar. Pelo menos os cartazes de abrigos atômicos, a sirene antiaérea amarela, a lata gigante de biscoitos e o pôster com uma menina perguntando "Mamãe, o que acontecerá se jogarem a bomba?" nos lembravam de dar graças a cada refeição.

Acabamos chegando a um acordo em relação a tudo, exceto o restante das gravuras, que passaram um ano apoiadas nos cantos, sem serem penduradas. Eu queria uma gravura por parede; ele queria usá-las como papel de parede. Finalmente, cômodo por cômodo, concordamos em discordar. Ele conseguiu o que queria em algumas paredes; eu, em outras.

Depois houve um impasse em relação aos pôsteres de carros de corrida vermelhos com molduras pretas. Pareciam algo que um garoto penduraria em cima da própria cama aos 15 anos e tiraria aos 16. Eu queria jogá-los fora. Ele queria colocá-los em algum lugar de destaque.

"Podemos concordar em discordar?", perguntei, experimentando seu discurso. No fim, ele aceitou que podíamos guardar os pôsteres no porão até decidirmos onde pendurá-los.

Três anos depois, ele os viu novamente. "De quem é isto aqui?", perguntou. Ele jurava que nunca tinha visto aqueles pôsteres. Nós dois rimos muito, depois tiramos os pôsteres do porão e, naquela vez, concordamos em concordar: as imagens dos carros de corrida ficavam ótimas – no lixo.

Lição 7

Chore no ombro de alguém. Cura mais rápido do que chorar sozinho.

Adoro ir ao cinema. Você pode ficar sentado no escuro e chorar anonimamente. Às vezes choro por causa do filme; outras vezes, por causa de alguma coisa que aconteceu semanas antes e que preciso pôr para fora. Uso os filmes tristes para dar vazão a todas as lágrimas que esteja sufocando.

Qualquer pessoa que me conhece bem já me viu chorar. Minha filha debocha de mim porque choro assistindo a comerciais de TV e programas piegas antes mesmo de soltarem a música melosa.

Sempre chorei com facilidade. No ensino fundamental, eu chorava todos os dias por algum motivo. Se cometiam uma injustiça em relação a mim ou a qualquer outra pessoa, eu chorava. Meus irmãos debochavam de mim porque eu me comportava como um bebê; meus colegas de classe e alguns professores também. Eu não conseguia evitar. Meus canais lacrimais davam vazão a qualquer coisa que eu sentisse. Durante anos, tentei conter as lágrimas. Tinha como objetivo passar um dia inteiro sem chorar. Finalmente consegui – no oitavo ano.

Eu estava no segundo ano do ensino fundamental quando o presidente John F. Kennedy morreu. As freiras da minha escola consideraram a primeira-dama um exemplo por não ter derramado uma lágrima sequer em público. Jackie era a esposa perfeita, a viúva perfeita, a católica perfeita. O mundo a observava usando aquele véu negro e via uma mulher nobre, digna e firme, que nunca se descontrolou e caiu aos soluços sobre o caixão, nem mesmo quando o filho bateu continência para o cortejo que passava.

As freiras a compararam a Maria, mãe de Jesus. Disseram que Maria nunca havia chorado. Nem mesmo ao pé da cruz. Nem quando segurou nos braços o filho morto. Nem na tumba dele. Nunca. Acreditei nelas por anos e anos.

Décadas mais tarde, li que Jackie Kennedy costumava ir para o barco de uma amiga e se entregar ao luto. Ela esperava até estar em mar aberto e então, sozinha, olhava para o imenso oceano e chorava de saudade. Quando acabei de ler essa matéria, estava chorando também. Que tristeza ter de esconder as lágrimas, principalmente quando a causa delas é uma dor tão profunda!

Fico imaginando o que aquelas freiras diriam dela agora. Pensando bem, não sei se as freiras alguma vez choraram nos meus oito anos na escola católica. Se choraram, nunca permitiram que víssemos. Talvez lágrimas fossem profanas segundo as tradições da Igreja.

Muitos anos depois de eu ter concluído o ensino fundamental, vi o filme *Jesus de Nazaré*. Amei a cena em que Maria está ao pé da cruz sob uma chuva intensa, chorando pela morte do filho. Ela não está apenas chorando, está gemendo de dor. Aquela Maria chora como uma mãe que perdeu o filho, não como uma santa que se curva perante os desígnios de Deus. Chora como todos nós choraríamos se não tivéssemos medo.

A maioria de nós aprendeu que lágrimas são sinal de fraqueza. Qualquer artigo destinado a mulheres que fale sobre como crescer na carreira avisa: nada de lágrimas. Nunca deixe que a vejam a chorando. Se você se aborrecer no trabalho, vá chorar no banheiro. Esconda-se em um cubículo e abafe os soluços com bolos de papel higiênico.

Quando você chora abertamente, as pessoas tentam fazer com que pare. Elas se sentem constrangidas. É socialmente inaceitável, pior do que dizer palavrões. Na verdade, a maioria das pessoas se sente mais à vontade com alguém que está xingando do que com alguém que está chorando. Chorar em público é uma demonstração de descontrole, de perda de poder. Em uma cultura que valoriza a força, até mesmo ficar com os olhos marejados é inaceitável.

Durante toda a minha vida, tentei ser mais forte chorando menos. Mas toda vez que segurava a tristeza dentro de mim, meu rosto ficava vermelho, minhas bochechas começavam a doer e as lágrimas escapavam, por mais que eu tentasse contê-las.

Então, um dia, Carol, minha terapeuta, me disse que aquelas lágrimas eram um bem. Ela falou que faziam parte de mim, assim como meus olhos azuis e meu cabelo castanho. "Ter tanta sensibilidade é uma dádiva maravilhosa", disse ela.

O melhor conselho que já recebi sobre o assunto é: chore no ombro de alguém. Carol me disse que chorar sozinho não é tão poderoso quanto chorar na companhia de outra pessoa. Sozinho, você continua a derramar as mesmas lágrimas depois. Tendo uma pessoa para ouvi-lo, você se cura de uma vez por todas.

Pesquisando para meu mestrado, li um livro sobre um santo que quase perdeu a visão porque chorava copiosamente e com muita frequência. Santo Inácio, que fundou a ordem dos jesuítas, considerava suas lágrimas uma grande dádiva de Deus. Ele me inspirou a escrever um trabalho sobre a dádiva das lágrimas.

Inácio foi um militar que buscava a felicidade por meio de mulheres, poder e títulos de nobreza, até ser gravemente ferido na perna por uma bala de canhão e encontrar Deus. Na primeira metade de seu diário espiritual, ele menciona lágrimas 175 vezes.

Na segunda, fala delas em absolutamente todas as anotações. Não eram apenas algumas gotas aqui e acolá, mas enormes torrentes, intensas a ponto de deixá-lo sem fala. Chorar lhe trouxe grandes dádivas: humildade, devoção, paz, força, proximidade com Deus. Santo Inácio considerava as lágrimas uma bênção.

É uma pena que muitos homens e mulheres se recusem a chorar e se vangloriem disso. Lembro-me de que alguém me disse que quase chorou ao ver o filme *A lista de Schindler*. Quase? Por que se conteve?

Por que Jackie Kennedy se conteve? Ou as freiras? Por que fazemos isso? Eu não conseguiria, mesmo se quisesse. Compro rímel à prova d'água e deixo que as lágrimas escorram.

Um dos meus versículos preferidos da Bíblia é o menor de todos: "Jesus chorou" (João 11:35). Ele mostrou sua humanidade. Derramou lágrimas, demonstrou sua perturbação e sua fraqueza. E não o fez em particular. Ele chorou diante dos amigos e seguidores. Diante de uma multidão.

Precisamos parar de esconder nossas lágrimas e começar a compartilhá-las. É preciso ser forte para chorar. É preciso ser mais forte ainda para deixar que os outros vejam. Precisamos ser suficientemente fortes para demonstrar ternura, independentemente de quem esteja olhando.

Lição 8

Tudo bem se você se irritar com Deus. Ele aguenta.

Qual foi a última vez que você se irritou com Deus?

Não devemos ficar com raiva de Deus, certo? Fui criada no catolicismo e nunca vi padre nenhum dar permissão para isso. Nosso papel era temer a Deus; o papel Dele era nos pôr medo.

Existe uma velha história sobre um rabino que, na véspera do Yom Kippur, o dia mais sagrado para os judeus, manda seus discípulos à casa de um alfaiate para que aprendam com ele como encarar aquele dia. No período entre o ano-novo judaico e o Yom Kippur, os judeus fazem uma limpeza espiritual. O último dia é dedicado a preces, jejum e reflexão. É quando se avalia o ano anterior, se reconhecem erros e se assume o compromisso de melhorar.

Na história, os discípulos veem o alfaiate tirar um livro de uma prateleira. Nele estão todos os pecados cometidos pelo homem ao longo do ano. Então, ele diz a Deus que está na hora de acertar as contas, ergue o livro e oferece a lista de seus pecados.

Depois o alfaiate pega outro livro. Desta vez, com os pecados que Deus cometeu: a dor, o pesar, a desilusão que Ele mandou para o homem e sua família. O alfaiate diz: "Senhor do Universo, se fôssemos acertar as contas com exatidão, Sua dívida seria muito maior do que a minha."

Em vez de ficar discutindo com Deus sobre o que está no livro, o alfaiate quer paz. Ele propõe um trato: perdoará o Criador por Seus pecados e Ele fará o mesmo com os dele. Então, ele serve um copo de vinho, dá graças e diz: "Que haja paz e alegria entre nós. Perdoamos um ao outro. Agora, é como se nossos pecados nunca tivessem existido."

Um recomeço com Deus. Um recomeço para Deus.

Uma trégua assim com o Criador faria bem a qualquer um de nós. Quantas pessoas se afastam de Deus ou guardam ressentimentos por causa da dor, do pesar e da desilusão em suas vidas?

Quantas pessoas questionam onde Deus estava quando um filho morreu de leucemia, quando os aviões se chocaram contra as Torres Gêmeas, quando uma filha cometeu suicídio, quando o desespero e a solidão as torturaram?

Ninguém tem essa resposta. Qualquer coisa que se diga será suposição. Os pregadores defendem que Deus nos deu o livre-arbítrio e não interfere em nosso cotidiano. Nem se implorarmos? Esses mesmos pregadores dizem que Deus nos abençoa com filhos, empregos, talentos, etc. Se Deus pode nos conceder dádivas, não poderia também nos livrar de tudo aquilo que não desejamos? Por que Deus não nos protege das doenças, da morte e da destruição?

Nem sempre compreendo como Deus age, mas, mesmo assim, eu oro. É como dizem: "Não sei como a eletricidade funciona, mas não fico no escuro por causa disso." Não preciso entender Deus para acreditar Nele. Minha esperança é como estas palavras de um autor anônimo: "Acredito no Sol mesmo quando ele não está brilhando. Acredito no amor mesmo quando não o sinto. Acredito em Deus mesmo quando Ele está em silêncio."

Muitas vezes me senti abandonada por Deus. Precisei de anos de terapia para me livrar das marcas da infância que faziam com que me sentisse ferida e magoada. Quase no fim do tratamento, depois de meses lidando com todos os personagens da minha vida, a terapeuta deu a entender que ainda faltava o principal. Ela me disse que não era problema nenhum eu ter ficado zangada com Deus por Ele não ter me salvado, por não estar presente quando precisei de alguém para me proteger.

Respondi que não tinha raiva de Deus, mas, no fundo, sob minha fé, havia um poço de dúvida que me incomodava: "Onde estava Deus? Eu não deixaria uma criança sofrer. Como Deus pôde fazer isso?"

"Shhh", calei meu pensamento. "Deus sempre esteve presente", menti. De jeito nenhum eu me arriscaria a ficar com raiva de Deus. Muitas vezes, Ele era todo o apoio que eu tinha. Como poderia voltar minha ira contra Ele? Como ousaria?

Jamais esqueci as imagens do livro de catecismo do primeiro ano do ensino fundamental que mostravam como a alma ficava em trevas quando pecávamos. Ficar com raiva de Deus não seria o maior de todos os pecados? Um pecado mortal, que pesaria na avaliação que Deus fazia de mim e da minha alma.

Eu não era tão ingênua, sabia que o céu não escureceria de repente para que um raio mortal me atingisse ou uma voz de trovão me condenasse. Mas não era de raios que eu tinha medo. Temia perder meu emprego, minha saúde ou minha filha. Não queria ser reprovada no teste de Jó, que foi tentado a culpar Deus por seus problemas. Então eu rezava e fingia que estava tudo bem. Sim, estava tudo ótimo com Deus. Era o restante do mundo que me irritava profundamente.

Um dia, no trabalho, explodi. Discuti com meu chefe por causa de algo tão bobo que nem consigo lembrar. Saí da redação soltando fumaça, entrei no carro e disparei pelo estacionamento cantando pneu. Graças a Deus meu chefe não atravessou meu caminho naquela hora, porque eu teria sido capaz de não pisar no freio. Cheguei em casa, controlei a ira que estava crescendo dentro de mim e resolvi pensar em outra coisa e consertar um vestido. Quando estava na metade da tarefa, a agulha da máquina quebrou.

Foi então que eu surtei.

Soquei. Xinguei. Por fim, peguei o carro e saí. Enquanto dirigia, pus para fora, aos gritos, a raiva que sentia de todas as pessoas que haviam me abandonado ou me magoado. Quando terminei, percebi que o problema não era meu chefe, meu pai, minha mãe, as freiras, nem nenhuma outra figura de autoridade da minha vida. Quem me irritava era o Cara. Então descontei o resto em Deus. Xinguei-o de todos os nomes possíveis. E, de repente, senti algo estranho tomar conta de mim.

Paz.

Debaixo de toda aquela raiva, estava a mais profunda calma.

Debaixo daquela montanha de ressentimentos, estava o amor divino.

Senti uma luz me aquecer por dentro, como se Deus estivesse sorrindo para mim e dizendo: "Está se sentindo bem melhor, não?" Comecei a rir. Deus queria que eu me livrasse da carga que vinha trazendo nos ombros havia anos para que pudéssemos nos aproximar.

Um padre que conheci em um retiro jesuíta deu nome a esse tipo de "prece" que fiz. Com seu jeito simples e circunspecto, o padre Jim Lewis me disse que Deus quer um relacionamento verdadeiro, autêntico, genuíno, conosco – o mesmo tipo de abertura e honestidade que há em um bom casamento.

Ele descobriu isso após uma transferência no trabalho. O padre Lewis detestou sua nova missão. Tentou a obediência sagrada e a aceitação, mas continuou se sentindo infeliz. Tentou rezar com gratidão, mas o sentimento não ecoava nele. Tentou bancar o feliz servo de Deus, mas não funcionou.

Um dia, ele finalmente não aguentou mais. Foi sozinho até a capela, saudou Deus e, gentilmente, xingou tudo o que seu coração pedia: "Maldição. Maldição. Maldição. Maldição."

Pronto. Ele repetiu a mesma "prece" todos os dias até se livrar daquele sentimento. Depois que a raiva se foi, surgiu espaço para outra sensação. Paz. Estava tudo acertado. Deus podia reassumir.

O padre Lewis chamou essa "prece" de Oração da Maldição. É ótima para ser usada quando você está a ponto de explodir.

Deus não quer que sejamos tão sagrados a ponto de não sermos humanos. Não quer preces fingidas e louvores falsos. Ele quer um relacionamento honesto, genuíno e verdadeiro.

Deus e eu somos grandes amigos agora. Toda noite, saímos para dar uma volta. Toda manhã, ficamos sentados juntos em silêncio. Durante o dia, conversamos. Bem, eu falo mais. Não importa o que aconteça ou deixe de acontecer, sempre terminamos o dia com o placar zerado. Como em um bom casamento, ninguém vai dormir com raiva.

Lição 9

O órgão sexual mais importante é o cérebro.

Em 1992, minha amiga Sheryl quis que eu conhecesse um amigo dela. Eu não tinha interesse em encontros arranjados, mas ela insistiu: "É só uma festa."

Sheryl não me contou muito a respeito dele. Disse que usava barba, era divorciado e trabalhava com relações públicas. Só isso.

Se ela tivesse dito mais, se tivesse mencionado que ele fumava, que era um agnóstico amante de jazz, de sushi e da vida na cidade grande, que era virginiano e não parava em casa, eu não teria dado chance a ele. Eu era não fumante, católica, vegetariana, geminiana e adorava música country, cidades pequenas e ficar em casa na maioria das noites. Nada parecia combinar.

No último minuto, decidi ir à tal festa. Sheryl me apresentou a Bruce e não paramos de conversar. Ficamos horas sentados no sofá. Ele adorava seu trabalho e queria muito fazer diferença no mundo. Tinha olhos castanhos bonitos e acolhedores, que faziam com que eu me sentisse segura e ao mesmo tempo transmitiam entusiasmo. Havia algo mais por trás daqueles olhos.

Ele me ligou no dia seguinte e conversamos durante três horas. Descobri que ele cantava no chuveiro e chorava vendo filmes, mas continuei cautelosa. Eu tinha perdido a esperança em relação aos homens, estava sozinha havia quase dois anos e, depois de muitas sessões de terapia para lidar com questões da minha infância, queria quebrar o padrão de atrair homens indisponíveis que tinham problemas com intimidade e compromisso. Queria alguém que me amasse, que me quisesse a longo prazo. Como toda mulher que já foi ferida, queria alguém que nunca me magoasse, nunca me decepcionasse e nunca me rejeitasse ou me abandonasse. Era um pedido impossível.

Eu não sabia o que fazer com Bruce, então, em nosso primeiro encontro de verdade, dei três opções: podíamos ver um filme, sair para jantar ou ir de carro até a cidade onde ele havia crescido e ver as casas onde ele havia morado, sua escola e os pontos que ele julgava importantes para que eu o conhecesse melhor. Ele inverteu o jogo e sugeriu que fizéssemos um tour pela minha cidade natal.

Demos uma volta de carro em Ravenna, minha cidade de 12 mil habitantes. Passamos por minhas escolas do ensino fundamental e médio, pelos lugares onde eu havia trabalhado, pela minha antiga casa e pela minha igreja. Acabamos no cemitério onde meus avós estavam enterrados. Ficamos sentados no carro observando uma lasquinha de lua subir no céu escarlate por cima das árvores nuas. Ele disse que aquele momento comigo era tão bom quanto sexo. Aquele homem sem dúvida era diferente de todos os outros que eu havia conhecido.

Mais tarde naquela mesma noite, ficamos conversando em um restaurante sobre o que queríamos na vida. Ele algum dia se casaria de novo? Será que eu me casaria? Em uma coisa nós concordávamos: se nos casássemos, não seria com um marido ou uma esposa, mas com um parceiro para a vida, um melhor amigo.

Naquela noite, comecei a acreditar que poderia amar um homem. Bruce era inteligente, engraçado e sincero. Descobri que ele era judeu, mas que adorava cantar canções de Natal do lado de fora dos cafés em dezembro. Que brincava com crianças fazendo o cumprimento dos Batutinhas, tinha toneladas de livros na sala de estar e pararia de fumar pela pessoa certa.

Ele adorava meu cabelo ondulado desobediente, meu nariz fino, minhas mãos e minhas sardas. Bruce me mostrava fotos da mãe, da avó, dos filhos e dos irmãos. Desligava o celular quando estávamos juntos e dizia: "Nunca faço isto."

Enviou-me uma fita cassete com jazz e músicas românticas de um lado e suas canções natalinas favoritas do outro. Disse que era para me seduzir. Funcionou.

Suas palavras e seus gestos gentis faziam com que me sentisse segura. Ele agia como uma criança feliz ao me ver. Segurava minha mão e ficávamos sentados no sofá, conversando horas a fio. Era como ir dormir na casa do melhor amigo. Bruce se tornou meu companheiro.

Só fizemos sexo depois de ter *a conversa*. A ideia foi dele, não minha. Passamos uma noite inteira conversando. Ele queria saber dos meus relacionamentos anteriores, de todos os caminhos e desvios que me levaram até ele. Ele fora casado por 15 anos e estava divorciado havia dois. Eu nunca havia ficado mais de um ano com o mesmo homem. Eu tinha muitas questões mal resolvidas com meu pai e um histórico de homens que se pareciam com ele e que haviam passado por minha vida levando suas próprias questões mal resolvidas com as mães. Não era uma boa combinação.

Bruce brincou dizendo que gostava de mulheres experientes. Rimos, mas também choramos enquanto eu lhe contava os desafios que ele enfrentaria para me amar. Ainda havia muitas coisas a serem curadas. Eu nunca me sentira emocional e fisicamente segura com um homem. Mal conhecia minhas necessidades sexuais. Fora criada achando que a mulher devia satisfazer o homem. Se conseguisse obter algum prazer naquilo, ótimo, se não, não tinha importância.

Bruce me incentivou a falar sobre tudo, a dizer o que me agradava ou não. Eu não sabia do que gostava ou o que queria em um relacionamento, porque nunca tinha tido oportunidade de pensar a respeito. Para a maioria das pessoas, o desenvolvimento da sexualidade é natural. Mas quando se sofre algum tipo de abuso sexual na infância ou um estupro na adolescência, como aconteceu comigo, isso é roubado. Quando uma pessoa impõe o sexo a outra, interrompe o amadurecimento gradual dela. Passei minha vida adulta tentando agradar aos homens. Fazia tudo o que achava que eles queriam, mas não tinha a menor ideia do que me dava prazer.

Não seria assim com Bruce. Ele me disse que o segredo de nosso relacionamento seria construir e manter uma amizade, que o fator decisivo não seria o sexo. Ele me ensinou uma grande verdade eterna: a amizade vem primeiro. "É a alma do relacionamento", disse.

Antes de eu conhecer Bruce, uma amiga havia me contado como o Livro Azul dos Alcoólicos Anônimos a ajudava a se relacionar com os homens. O livro nos aconselha a fazer um inventário pessoal, a olhar para os ressentimentos, os medos e mesmo para nossa vida sexual pensando no que funcionou ou não. Depois, formamos com Deus um ideal consciente e sadio do que é bom especialmente para nós.

Eu precisava confiar minha sexualidade a Deus. Tinha que encarar o sexo como presente de um Pai que me criou com desejos, ânsias e paixões. Precisava acreditar e saber que Ele era suficientemente original para fazer homens que não me agrediriam ou me abandonariam.

O sexo tinha de fazer parte de um relacionamento mais amplo e completo. Era o que estava acontecendo daquela vez. Antes de "chegarmos aos finalmentes", nos sentamos e conversamos durante horas. A certa altura, Bruce apontou para a própria cabeça e disse: "O sexo está aqui."

Não se trata de uma encenação para o outro. Dar prazer não é obrigação de ninguém. "Uma boa parte do sexo não está relacionada a ter orgasmo", disse ele. "Isso é só a cobertura. O que faz o bolo são os outros ingredientes. Vamos fazer esse bolo."

E foi o que aconteceu. Uma década depois, essa receita continua dando certo. Nossa vida sexual nunca dependeu apenas de nossos corpos. Isso é ótimo, porque a idade chega e os transforma. No meu caso, o câncer mudou meu corpo. Depois da retirada das mamas, demorei a me sentir sensual outra vez. Bruce ficava repetindo que levaria um tempo até meu cérebro se reajustar. Ele tinha razão.

Quando o assunto é sexo, a zona erógena mais importante fica entre suas orelhas.

Lição 10

Deus nunca nos dá uma cruz que não possamos carregar.

Há uma bela passagem no livro *Breath, Eyes, Memory* que nos faz olhar de uma maneira diferente para as coisas que carregamos conosco, os problemas dos quais nos ressentimos, as dádivas que invejamos nos outros.

A autora, Edwidge Danticat, descreve um grupo de pessoas na Guiné que carrega o céu na cabeça. Narrando a tragédia e o trauma sofridos por uma família de mulheres, ela conta a história de um povo forte que tudo suporta. O Criador desse povo os fez mais resistentes que os outros. Eles não sabem disso. Mas, quando se passa por muitas dificuldades na vida, é porque você foi feito para suportá-las.

Alguns de nós temos de suportar mais do que outros. Meu tio Paul foi escolhido para carregar parte do céu.

Ele e minha tia Veronica eram meus padrinhos. Eles tinham cinco filhos quando o caçula nasceu. Choramos quando a notícia chegou. Eles haviam tido um menino, mas nem tudo estava bem.

Brett Francis Kelly nasceu em 1972, quando as pessoas usavam palavras como "mongoloide" e "retardado". Naquela época, não existia qualquer tipo de apoio para crianças com necessidades especiais. Parentes sussurravam as más notícias por entre lágrimas, médicos sugeriam internação em asilos.

Brett não era o bebê perfeitamente saudável com que todos os pais sonham. Ele tinha cinco dedos em cada pé e em cada mão, mas tinha algo mais: um cromossomo 21 extra. Naquela época, as crianças com síndrome de Down não eram consideradas especiais. Eram consideradas catástrofes. Mas meus tios o amavam tanto quanto amavam os outros cinco filhos.

Então, minha tia teve câncer de mama. Ele se alastrou para os ossos. Ela morreu quando Brett tinha 3 anos, deixando meu tio viúvo com seis filhos. Como ele poderia criar seis crianças sozinho? O filho mais velho tinha apenas 14 anos.

As coisas pioraram. Tio Paul foi demitido porque havia faltado demais ao trabalho para cuidar da mulher doente. Na época, não havia lei que o amparasse.

O que aconteceu com a família? Meu tio a manteve unida. Transformou Brett no centro do universo familiar. Aquela peça que alguns diriam não se encaixar fez deles um todo completo.

Meu tio nunca reclamou por ter de criar os filhos sozinho. Tirou uma licença de corretor de imóveis para poder trabalhar em casa. Lavava a roupa e limpava a casa depois de pôr as crianças para dormir. E não se casou novamente. Ele sempre dizia: "Meu casamento foi para a vida toda." Brett se transformou em seu companheiro de todas as horas. Os dois eram inseparáveis.

Brett não tinha papas na língua. Dizia tudo o que pensava e era incapaz de mentir. Quando via uma mulher com um traseiro avantajado, dizia: "Você tem uma bunda grande." Quando via o reflexo de seu corpo mais que rechonchudo, dizia para o espelho: "Sou um gato." E acreditava naquilo.

Brett deixava sua marca em todos os lugares. No casamento de minha prima Bridget, fingiu que era o barman. No casamento de meu irmão Jim, rodopiou na pista de dança até suas calças quase caírem. No funeral de meu tio John, ele derramou água na calça, tirou-a e terminou enrolado em um lençol.

Ele nunca cresceu. Essa era a alegria de Brett. Ele permaneceu criança. E também continuou a ser o melhor amigo do pai. As décadas passaram voando. Cada filho assumiu por um tempo o papel da mãe, depois foi para a faculdade e passou o bastão para o irmão seguinte.

Quando meu tio completou 80 anos, nos perguntamos quem tomaria conta de Brett quando a hora chegasse. O problema não era ele ser um peso que ninguém quisesse carregar. O problema era que todos os irmãos queriam que Brett fosse morar com eles.

Logo após meu tio completar 80 anos, recebemos a má notícia.

Na véspera do casamento da irmã de Brett, a família inteira se reuniu no jantar para o ensaio. Tinham passado o dia inteiro juntos, irmãs e irmãos, cunhados, noras, genros, netos e o tio Paul. A certa altura, do nada, Brett disse: "Não se preocupem, mamãe está aqui. Vai ficar tudo bem."

Depois do jantar, Brett teve uma embolia pulmonar. Ninguém conseguiu reanimá-lo.

A funerária ficou repleta de fotos. Brett de blazer na primeira comunhão. Brett de beca. Brett usando o uniforme de basquete. Brett com medalhas ganhas em esportes. Meu tio tinha se esforçado para que Brett levasse uma vida plena.

Na missa, o padre nos pediu para analisar como usamos nossas dádivas. As de Brett tinham vindo naturalmente, disse o padre. Chegaram junto com aquele cromossomo extra.

"Precisamos dos Brett deste mundo", disse o padre. "Brett não era um deficiente. Ele nos mostrou o que Deus espera de nós: que celebremos cada respiração."

Também precisamos dos tios Paul deste mundo. Foi sua força silenciosa que sustentou o caminho por onde Brett passava. Foi graças a ele que Brett teve a chance de celebrar tudo como só ele conseguia fazer. No mundo de meu primo, coelho da Páscoa e

Papai Noel existiam, aniversários duravam sete dias e as pessoas não tinham raças, apenas bronzeados diferentes.

Meu tio sorriu quando seu filho Paul fez o discurso fúnebre.

"As pessoas sempre disseram que éramos uma grande dádiva para Brett", afirmou Paul. "Era o contrário. Ele era uma grande dádiva para nós."

Meu tio tornou isso possível mantendo a família unida, carregando o céu sobre eles.

Ele me ligou um dia, do nada, só para dizer que tinha muito orgulho de mim. Deixei a mensagem gravada e a ponho para tocar de vez em quando para ouvir sua voz, já trêmula por causa do mal de Parkinson e da idade, mas ainda cheia de gratidão. Tio Paul nunca se lamentou da vida que teve.

Ele seria o primeiro a dizer que Deus nunca nos dá uma cruz que não possamos carregar. Alguns de nós fomos feitos para cargas maiores; outros, para as pequenas. Não importa. Mesmo que tenhamos de carregar uma parte do céu, podemos dar conta. É uma dádiva.

Lição 11

Faça as pazes com seu passado para que ele não estrague seu presente.

Você já teve um daqueles dias em que está tudo bem e, de repente, não está mais?

Do lado de fora nada mudou, mas dentro de você está tudo diferente. Você não sabe o que aconteceu. Só que, de uma hora para outra, foi parar no fundo de um buraco dentro de si mesmo.

É difícil identificar o que causou essa queda livre. Um ruído. Um cheiro. Um comentário. Você não sabe como, mas algo aparentemente sem importância o mandou para aquele lugar obscuro em sua mente, cheio de medo e desespero. Às vezes você chega a sentir que está caindo em câmera lenta, mas não consegue evitar a queda.

O que desencadeia essa reação varia de pessoa para pessoa, sobretudo quando elas sofreram agressões na infância ou foram negligenciadas de alguma forma. Para mim, há coisas corriqueiras que podem levar a isso. Cheiro de giz. Uma embalagem de leite. Cadeiras dobráveis iguais às que usávamos no ensino fundamental. Uma criança chorando em uma loja. A imagem de um pai zangado arrastando o filho pequeno por um estacionamento. O som de corpos se chocando em uma cena violenta de um filme.

Há dias em que qualquer coisa dessas pode me atirar no buraco mais fundo. De repente, me sinto sozinha, isolada e com medo. Chamo isso de ataques de infância. Num piscar de olhos, deixo de ser um adulto perfeitamente capaz. Fico impotente, assustada e não consigo identificar o motivo.

Um terapeuta especializado em cuidar de veteranos de guerra me disse uma vez que os adultos que sofreram agressões ou foram negligenciados quando crianças podem vir a ter estresse pós-traumático. As feridas da infância permanecem conosco durante anos. Como estilhaços de bala, continuam a traçar seu caminho para fora do corpo.

Eu levava dias para sair desse estado. Ia para o trabalho, preparava as refeições, brincava com minha filha, tentava agir normalmente, mas, por dentro, sentia que estava à beira do colapso emocional. Mais uma gota e eu nunca mais conseguiria me recompor.

Todos nós temos buracos cavados na infância. A maioria das pessoas tem alguns aqui e outros acolá, mas são rasos e é possível sair de dentro deles sem maiores dificuldades. Outras têm a alma perfurada como a superfície lunar, cheia de crateras profundas causadas por parentes e professores com problemas psicológicos, por episódios de violência doméstica ou abuso sexual, por espancamentos ou acessos de fúria de pais que também sofreram agressões ou que foram negligenciados quando crianças.

Dificilmente algo grande nos empurra para o buraco. O que é grande pode ser visto e evitado. Ao ver ou ouvir um trem vindo em nossa direção, saímos dos trilhos e nos afastamos. São as coisas pequenas que nos derrubam.

Uma vez, cheguei em casa e estacionei o carro como faço todos os dias. Meu marido estava em pé no acesso à garagem e me disse para puxar meu carro mais para a frente. Foi o que fiz. Um pouco mais, ele pediu. Eu poderia ter sorrido e avançado mais alguns centímetros, ou ter deixado o carro ali mesmo, ou ter entregado a chave para que ele estacionasse. Em vez disso, tive um acesso de raiva, como se ele tivesse acendido o pavio curto de uma bomba enorme. BUUUUM! Fui lançada de volta à infância. Por que preciso ser perfeita? Por que nada do que faço é bom o bastante? Por que me dou o trabalho de fazer as coisas?

Porém, em vez de explodir, geralmente implodo. Em vez de gritar e dar um ataque, me retraio e choro. São lágrimas antigas. Posso senti-las surgir de um lugar diferente dentro de mim. Meu rosto dói, meus seios da face ardem e, depois, preciso dormir.

Horas mais tarde no dia do incidente com o carro, consegui me lembrar do momento exato que ele despertou em mim. Décadas antes, quando eu tinha 21 anos, estava na entrada da garagem de casa e meu pai queria que eu o ajudasse a pôr uma TV no porta-malas. O aparelho era grande e pesado. Peguei meu lado da TV e o deslizei para dentro do espaço apertado do carro. Meu pai me disse para empurrar mais para trás. Para trás onde? Não sabia o que ele queria. Ele gritou comigo. Meu pai ou ficava mudo ou gritava. Não sei o motivo, mas ele ia de um extremo a outro em um piscar de olhos. E seus acessos de raiva eram quase sempre acompanhados de: "Que diabos há com você? Não consegue fazer nada certo?"

Ele gritou essas palavras naquele dia na garagem, enquanto eu segurava a TV. Eu não podia largar o aparelho e ir embora, então fiquei presa lá, servindo de alvo para a raiva dele. Meu pai nunca pedia desculpa, nunca reconhecia que estava tendo um dia difícil e descontando em nós.

Com o tempo, aprendi a me libertar. Primeiro, você precisa reconhecer que está preso. Para mim, o sinal de alerta é o seguinte: toda vez que minhas emoções não combinam com o que está acontecendo, é porque minha infância está interferindo. Aprendi a congelar o momento, da mesma maneira que paramos um filme, e perguntar: "Espere aí, esta reação está relacionada ao que está acontecendo agora ou tem a ver com alguma emoção antiga?" Não posso mudar o passado, mas, ao reagir de forma diferente aos vestígios que ele deixou, posso mudar o presente.

Um terapeuta me ensinou a seguinte técnica. Pegue um papel e anote tudo o que prova que você é um adulto capaz: sua idade, seu grau de instrução, sua profissão, o fato de poder dirigir, criar filhos, votar e fazer outras coisas que se espera dos adultos. Toda vez que estiver prestes a cair no buraco, leia essas anotações. Finque suas bases no hoje, no adulto que você é, não na criança que você foi. Isso o ajudará a se recuperar.

Do outro lado da folha, anote os nomes das pessoas a quem recorrer para tirá-lo do buraco. Escolha amigos e pessoas íntimas, aqueles que o amam do jeito que você é e não se intimidariam se fosse preciso procurá-lo no escuro e arrastá-lo de volta para a luz.

É trabalhoso reprogramar suas ideias a respeito de si mesmo, mas, uma vez que você faz isso, tudo na vida melhora – principalmente seus relacionamentos íntimos. Sem trabalho árduo, você sempre volta a esbarrar no passado e a se deparar, em todos os relacionamentos, com o que seus pais tinham de pior. Reprogramar o jeito como você pensa não acaba com os buracos da sua vida, mas evita que você caia neles.

Alguns amigos me contaram a seguinte história:

Um bêbado sai de um bar uma noite e, no caminho para casa, tropeça e cai num buraco fundo. Ele não consegue sair. Um homem religioso está passando e joga uma Bíblia para ele. Depois cita um trecho das Escrituras para lhe dar esperança e vai embora. Um terapeuta para e tenta ajudar o bêbado a descobrir por que ele caiu no buraco, mas também vai embora. Por fim, um alcoólatra em recuperação ouve os gritos.

– Você poderia me ajudar, por favor? – grita o homem lá de dentro.

– Claro – diz o homem sóbrio, e pula dentro do buraco.

– Ah, não! – berra o bêbado. – Agora *nós dois* estamos presos!

O homem que está sóbrio sorri e diz:

– Não se preocupe, já estive aqui. Sei como sair. É só subirmos juntos.

Não pense que o objetivo é desviar do buraco ou sair de dentro dele mais rápido. O objetivo é preenchê-lo para que ninguém mais caia nele. E o que é preciso para isso? Deus. Ou seja, amor: amor por si mesmo, pelos outros, por Deus.

Da última vez que saí do buraco que fazia com que eu me menosprezasse, rezei: "Como vou algum dia acreditar que sou suficientemente boa?" A resposta veio daquela voz baixinha e calma em meu coração: "Ajudando os outros a acreditar que *eles* são suficientemente bons."

Lição 12

Tudo bem se seus filhos virem você chorar.

Meu pai não era muito de chorar.

Nos 42 anos em que convivi com ele, lembro-me de tê-lo visto chorar apenas duas vezes. Primeiro, quando sua irmã mais nova morreu de câncer. A outra vez foi depois de ele ter ficado com raiva e expulsado meu irmão de casa.

Ele se arrependeu assim que meu irmão fechou a porta e saiu. Papai ficou andando sem rumo durante semanas até que, finalmente, com lágrimas nos olhos, me pediu para convencer meu irmão a voltar.

Quando jovem, meu pai não podia chorar. A vida era dura demais. Ele precisava ser mais duro ainda. Meu pai sobreviveu à Grande Depressão, mas a fazenda da família, não. Ele viu meu avô perder as terras que amava. Primeiro eles ficaram sem dinheiro e depois, sem qualquer alegria. Meu pai levava bronca quando dava um pouco mais de aveia aos cavalos – que, do contrário, certamente morreriam de fome. Ele precisou abandonar os estudos quando estava no oitavo ano para trabalhar e ajudar no sustento da família.

Não gostava de lágrimas. Toda vez que nós chorávamos, ele gritava: "Estão chorando por quê? Vou dar motivo de verdade para vocês chorarem!"

E isso só nos fazia chorar ainda mais. Muitos homens crescem sem derramar uma lágrima. Uma vez, li em um artigo que o grande jogador de beisebol Pete Rose ficou com os olhos cheios d'água por causa de uma vitória importante. Ele disse à imprensa que era a primeira vez que chorava. A primeira vez? Ele já era pai. Não tinha chorado com o nascimento do filho?

Há algo de especial em deixar que seus filhos o vejam chorar. Isso não significa que você é fraco. Significa que é humano. Permite que seus filhos percebam que não há nada de errado em viver de forma plena e intensa. Nunca vou me esquecer do pai que me telefonou para falar do melhor jogo de basquete a que já havia assistido, que o havia feito cair em prantos. Ele estava feliz porque o filho o tinha visto chorar.

Naquele dia, LeBron James estaria em quadra. Mesmo ainda estando no ensino médio, o rapaz tinha um carro chamativo e repórteres que o seguiam por toda parte. Ainda não estava na NBA, mas já havia fabricantes de calçados correndo atrás dele e oferecendo contratos milionários. Era o melhor jogador do ensino médio em anos. Logo se tornaria profissional.

Como muitos pais, aquele homem queria que o filho visse LeBron James jogar, então os dois chegaram cedo ao ginásio para conseguir um bom lugar. LeBron defendia sua escola, a St.Vincent-St. Mary, de Akron.

Pai e filho sentaram-se na arquibancada para esperar o término da partida anterior. De repente, faltando um minuto para o fim do jogo e perdendo por 10 pontos para a Wadsworth, o técnico da escola Cloverleaf pediu tempo. Murmúrios pela multidão, que imaginava por que ele haveria feito isso quando já não havia chances de vencer e todos esperavam ansiosos pelo que realmente importava: a partida com LeBron.

Foi aí que o pai viu um jogador baixo e magricela no banco da Cloverleaf. Usava a camiseta verde do time com o número 10.

Quando o garoto se levantou, o homem percebeu que ele mancava, notou a leve inclinação da cabeça, o pequeno desvio nos olhos, a orelha que não havia se desenvolvido por completo no ventre materno.

O pai não sabia que o garoto tinha uma válvula na cabeça que o mantinha vivo drenando o excesso de líquidos ali. E que isso era um obstáculo à prática de esportes – os médicos alertavam que qualquer pancada na cabeça poderia ser perigosa.

O técnico havia planejado pôr Adam Cerny no jogo, qualquer que fosse o placar. Ele sabia quanto Adam queria jogar e achava que o garoto tinha direito a isso. Adam era o primeiro a chegar a todos os treinos e o último a sair e estava sempre disposto a ajudar o time no que fosse necessário, de limpar o chão a encher as garrafas d'água e carregar as bolas.

Já na quadra, Adam recebeu um passe e arremessou de muito longe, bem atrás da linha dos três pontos. Ele errou.

Mas, em vez de correrem para a bola e armarem um contra-ataque, os adolescentes do time adversário não se mexeram. Queriam que Adam tivesse outra chance.

O tempo corria no relógio. Adam arremessou e errou. Doze segundos. Ele errou outra vez. E mais outra. Dez segundos. Nove segundos. O time da Wadsworth se recusava a pegar a bola. Um jogador até fez sinal para que Adam se aproximasse mais da cesta, mas o garoto não quis.

Àquela altura, todos estavam de pé, torcendo por Adam Cerny. As pessoas que o conheciam gritavam "Vai, Adam!" e "Cer-ny! Cer-ny!". Faltavam quatro segundos para o fim da partida quando ele fez o último arremesso. A campainha soou enquanto a bola caía dentro da cesta.

A multidão foi à loucura.

Os torcedores dos dois times gritaram e aplaudiram. Os jogadores da Wadsworth apertaram a mão de Adam e o cumprimentaram com tapinhas nas costas. Os dois juízes bateram palmas. Um deles se virou para o outro e ficou repetindo: "Isso foi demais!"

O pai começou a chorar na arquibancada.

Chorou por causa do que o basquete de escola havia se tornado, com caçadores de autógrafos, equipes de TV e seguranças em volta de um adolescente. Um jovem a quem chamavam de rei, que dispunha de esquadrões de advogados para negociar contratos milionários com fabricantes de tênis e que pularia a faculdade e iria direto para a NBA.

Chorou por ter visto um arremesso de três pontos que era melhor do que qualquer jogo profissional, universitário ou de escola a que ele já havia assistido. Seus olhos ficaram marejados e as lágrimas escorreram. Quando ele levantou a cabeça, o filho, que tinha 5 anos, perguntou se ele estava chorando porque o Cloverleaf tinha perdido. O pai não conseguiu explicar. Simplesmente o abraçou forte.

Que presente esse pai deu ao filho! Espero que o menino se lembre dessas lágrimas. Espero que o pai lhe conte a história que levou a elas e, com isso, dê aos dois um bom motivo para chorar.

Lição 13

Não compare sua vida à das outras pessoas.

No Dia das Vocações na escola, eu sempre me escondia.

A diretora anunciava que o padre Fulano ia conversar conosco sobre a escolha vocacional. Havia apenas duas opções: tornar-se freira ou virar padre.

Eu detestava esse dia. O padre andava pela sala esquadrinhando nossos rostos em busca de auréolas. Ele nos dizia que alguns naquela sala tinham uma vocação, um chamado para fazer algo especial.

Eu me encolhia na carteira para que nem o padre nem Deus me escolhessem. Se Deus não me visse, não me escolheria. Eu não queria usar hábito e enfiar meu cabelo naquele troço que as dominicanas usavam na cabeça e que deixava só o rosto à mostra.

No dia daquela conversa, as opções eram simples: escolha Deus ou escolha o mundo. A única maneira de servir a Deus por completo era entrar para uma ordem religiosa. Havia muitas a escolher: padres franciscanos, jesuítas ou de Maryknoll, freiras ursulinas, dominicanas ou do Verbo Encarnado. Como no exército, havia até panfletos para atrair novos recrutas.

Pelo que sei, ninguém na minha turma recebeu o chamado. Escolhemos trabalhos e vidas normais, encontros amorosos, casamentos e filhos, nem sempre nesta ordem. Às vezes eu me perguntava se não seria melhor escolher Deus em vez do mundo. Mas, como não tínhamos vocações e chamados, optávamos por empregos e carreiras.

Foram necessários muitos anos para que eu entendesse o conceito de vocação. Cada pessoa tem uma e as opções não se limitam a ordens religiosas. E não devemos compará-las nem medi-las em relação às escolhas alheias. Todos nós estamos neste mundo por algo maior do que nós mesmos. Todos nós temos uma missão, um dever, um chamado, uma vocação que é nossa e apenas nossa.

A melhor descrição de vocação que já li é a do escritor e teólogo Frederick Buechner. Ela me ajudou a ajustar meu foco na vida. Segundo Buechner, "o lugar que Deus escolhe para você é a interseção de sua maior alegria e a maior necessidade do mundo".

Durante anos, lutei para encontrar meu lugar. Eu queria uma vida que tivesse significado e objetivo. Tropecei por um caminho tortuoso, cheio de buracos e desvios. Trabalhei como operadora de caixa em uma farmácia na qual passava o dia tirando poeira dos produtos. Depois, fui garçonete. Usei uniforme cor-de-rosa e redinha no cabelo na época em que servi as bandejas dos pacientes de um hospital. Fui contratada como técnica e passei ao atendimento de primeiros socorros. Mais tarde arrumei um emprego buscando cadáveres para uma funerária. No Departamento de Trânsito, recebi e protocolei multas por excesso de velocidade. Datilografei petições quando me tornei secretária do defensor público do condado. Fui recepcionista em um centro ambulatorial para tratamento do alcoolismo. Aconselhei alcoólatras e organizei grupos de terapia.

Levei décadas para me tornar escritora e fazer o que amo. Durante todo esse tempo, eu olhava à minha volta comparando meu interior com o exterior das outras pessoas. Queria o que elas tinham simplesmente porque eu não tinha. Eu me lamentava e invejava a vida deles, porque parecia muito melhor que a minha.

Parei de me lamentar no dia em que meu noivo me traiu e eu lhe devolvi a aliança. Foi quando finalmente percebi que relacionamento amoroso não é plano financeiro. Meu futuro depende de mim. Então voltei para a faculdade e corri atrás do meu sonho de ser escritora.

No devido tempo, descobri que nada é desperdiçado na economia de Deus. Todos aqueles "trabalhos sem futuro" me prepararam para o emprego dos meus sonhos em jornalismo. Trabalhar na emergência médica me ensinou a não deixar nada para depois. Buscando cadáveres, aprendi a conversar com famílias em luto. Dentro do Judiciário, adquiri prática em ler petições e pesquisar antecedentes criminais para as matérias. Graças à terapia com alcoólatras, desenvolvi técnicas de entrevista que me permitem ouvir com atenção e detectar lorotas, o que é indispensável a um repórter.

Todos os meus empregos me prepararam para minha missão de vida.

Adoro dizer às pessoas que não trabalho desde 1986. Sou paga para escrever. Para escrever! Minha vocação é inspirar as pessoas por meio de palavras. Esse é o lugar em que a minha maior alegria e a maior necessidade do mundo se encontram. Escrevo para fazer com que as pessoas se sintam menos sozinhas.

Qual é sua maior alegria? Onde ela cruza o caminho da maior necessidade do mundo? O que você precisa descobrir é se isso realmente acontece.

As pessoas que não conhecem minha trajetória dizem: "Você é muito sortuda." Sortuda? Eu diria abençoada. Você pode se comparar às pessoas que estão em posição superior e se lamentar. Pode se comparar às pessoas que estão em posição inferior e tripudiar. Ou pode se manter focado em si mesmo e se entregar com gratidão à sua missão única.

Qual é sua missão aqui?

Você pode ser qualquer coisa – médico, advogado, assistente social, prefeito, presidente, colunista –, mas por que não descobrir qual é seu chamado?

O que quer que lhe aconteça, o que importa é o que você faz com isso. Você não escolhe as cartas que recebe na vida, mas decide como quer jogá-las. Uma das minhas cenas favoritas em *Harry Potter e a câmara secreta* é aquela em que o grande sábio Dumbledore diz a Harry: "Não são nossas capacidades que mostram quem realmente somos. São nossas escolhas."

São as escolhas que determinam seu destino, não o acaso. Cabe a você decidir seu valor, sua importância e seu significado no mundo. Nenhuma outra pessoa tem seus dons – seu conjunto de talentos, ideias e interesses. Você é único. Uma obra-prima.

Mesmo que você não se sinta totalmente seguro, esforce-se para mostrar ao mundo o milagre para o qual você foi criado. Se preciso, finja até conseguir. Todo mundo faz isso. Grandes autores também acordam com medo de nunca mais escrever uma obra interessante. Empresários de destaque se perguntam se algum dia o mundo considerará seu sucesso uma farsa. Os maiores líderes religiosos lutam diariamente com a fé. Políticos de renome avaliam se cada decisão tomada lhes custará a próxima eleição.

Ninguém se sente confiante e seguro o tempo todo, mas todos nós temos momentos de certeza. O medo de cometer um erro que nos arruíne pode assolar qualquer um, mas, mesmo que cometêssemos todos os erros que tememos, não seria o fim de nossas vidas. Seria apenas uma transformação.

Todos nós já sentimos medo de errar, de não ser amado, de nunca ser suficientemente bom, inteligente, bem-sucedido ou atraente. Não lute contra isso. Encare como uma volta na montanha-russa. Aproveite os solavancos, as curvas, as guinadas repentinas, os altos e baixos. Divirta-se no passeio. Medo e empolgação caminham juntos. Você estará em boa companhia.

Não tente ser igual a qualquer outra pessoa. O mundo não precisa que você seja Madre Teresa, Gandhi, Martin Luther King, Michael Jordan, Maya Angelou ou Bill Gates. O mundo precisa que você seja você.

Lição 14

Se um relacionamento precisa ser mantido em segredo, não deveria existir.

Quando eu tinha entre 20 e 30 e poucos anos, trocava de namorado como quem muda de roupa. A verdade é que os homens com quem eu saía mudavam, mas a personalidade deles era sempre a mesma.

Só vim a perceber isso quando comecei a fazer terapia por causa de um relacionamento. O rapaz jovem e bonito que dera em cima de mim no trabalho parecia extasiado por estar saindo comigo. Ele havia me paquerado por uns três meses. Quando eu estava pronta para baixar a guarda, ele me disse que não poderia se encontrar comigo no fim de semana porque sua noiva ia visitá-lo.

Sua o quê?!

Sim, ele estava noivo. Mais uma vez eu era a segunda opção, aquela de que ninguém sabe. Fiquei furiosa. Eu havia feito tudo certo. Ele não era gay, casado nem viciado em nada. Então, como acabara saindo de novo com um homem que não estava disponível?

Essa era a minha história. Por que eu continuava a repeti-la? Na noite em que o mandei sumir da minha vida, chorei, rezei e gritei para o Universo: "Por que só atraio homens que não estão disponíveis?" E o Universo respondeu: "Porque você tem medo dos que estão!"

Nossa! Percebi que tinha medo de homens que realmente pudessem ficar ao meu lado. Por quê? Cresci ao lado de um homem que falava alto, se enfurecia e tinha acessos de raiva. Por outro lado, ele era o pai mais generoso e abnegado do mundo. Mas nunca sabíamos que lado dele iria se manifestar. Em algum ponto da minha infância, fiz uma anotação mental que acabou sendo gravada no meu coração: "Os homens magoam. Nunca divida seu teto com um."

E era o que eu fazia. Escolhia homens que não ficariam ao meu lado. Homens que não estavam disponíveis. Homens casados, noivos, que tinham namoradas, moravam em outros estados ou eram viciados em álcool ou trabalho. Homens que nunca se comprometiam totalmente. Antes de fazer anos de terapia, eu tinha medo dos caras legais que me rondavam.

A terapeuta que curou minhas feridas mais tenebrosas e profundas também me ensinou as regras básicas do namoro. Havia quatro coisas nas quais eu deveria prestar atenção. A primeira era a mais importante:

Segredo. Vocês podem ser vistos juntos em público? Se um relacionamento precisa ser mantido em segredo, não deveria existir.

Agressão. O relacionamento causa danos ou deprecia você e seus filhos de alguma forma?

Sentimentos. Você está se relacionando com essa pessoa apenas para evitar algum sentimento doloroso? Esse relacionamento controla seu estado de espírito?

Vazio. Trata-se de um relacionamento sem carinho e compromisso?

Foi um ótimo ponto de partida. Com ele, descobri qual era o principal atributo que deveria procurar em um homem: disponibilidade. Quando me sentia atraída por alguém, me perguntava: "Ele está disponível para um relacionamento desde agora? Se não estiver, não temos futuro."

Com o passar do tempo, criei minha própria lista de orientações sobre namoro:

Fique longe de homens que não estão disponíveis. Isso inclui gays, padres, os que moram longe demais, os casados ou comprometidos e os que têm medo de dizer que estão com você porque isso poderia afastar outras possíveis paqueras.

Nada de segredos. Tenho uma grande amiga que fazia terapia de casal. Ela acreditava estar "trabalhando o relacionamento" com o marido quando descobriu que ele a traía havia anos. O casamento, é claro, acabou. Outra amiga repetidamente terminava e voltava para um homem casado, achando que ele deixaria a mulher e ficaria com ela. Eu vivia dizendo: "Se você se casar com um homem que trai a esposa, estará se casando com um homem que trai a esposa." O mesmo vale para os homens. Se sua namorada não conta à irmã, à mãe, às amigas ou ao ex que está com você, caia fora. Não seja o estepe. Se ela não consegue falar abertamente sobre vocês estarem juntos, termine.

Cuidado com as dependências. Qualquer pessoa viciada em bebida, jogo, maconha, crack, sexo, trabalho, etc. não está disponível de fato. Cuidado com sua própria necessidade de salvar almas perdidas. Se perceber que vem desempenhando esse papel com frequência, pergunte-se por quê. Quando achar que pode salvar alguém, pense melhor. O primeiro estágio em qualquer programa de 12 passos é admitir sua impotência.

Seja verdadeiro. Seja 100% você mesmo. Um homem que namorei me disse que gostava de tudo em mim, só achava que eu era espiritualizada demais. O que ele queria, que acreditasse mais nele e menos em Deus? Ele achava difícil tolerar o que mais prezo em mim. Não quero alguém que me tolere. Quero alguém que me valorize.

Estabeleça o que você procura em um companheiro. Para começar, diga isso a si mesmo. Deixe de lado as coisas superficiais

– altura, peso, situação financeira. Depois, olhe para dentro de si mesmo e pergunte: "O que realmente quero?" Então passe a lista para um papel, escrevendo no final: "Isto ou algo melhor." Deixe-a numa caixa onde possa ficar bem guardada.

Ignore a embalagem. Em geral, o embrulho de um presente não dá qualquer pista do que há dentro. Às vezes, a embalagem é melhor do que o conteúdo. Alguns dos melhores presentes nem vêm embrulhados. Não ignore os baixinhos carecas ou os gordinhos que parecem ursos de pelúcia. Antes de eliminá-los, pense bem sobre o que você realmente quer. Não troque um homem rechonchudo e gentil por um grosseiro com barriga tanquinho. A gentileza dura mais que o abdômen sarado.

Seja alguém melhor. Tenha uma vida boa a ponto de ser irrelevante o fato de haver ou não mais alguém nela. Diga sim a toda oportunidade de fazer amigos, conhecer pessoas e ter novas experiências. Em vez de passar a vida procurando o homem ou a mulher dos seus sonhos, ocupe-se em levar a vida que sempre sonhou. Como diz o ditado, quando você para de caçar a borboleta, ela pousa suavemente em seu ombro. Em vez de procurar o parceiro certo, torne-se a mulher ou o homem ideal... para si mesmo. Seja sua melhor, mais profunda e mais verdadeira versão possível.

Existe um par para cada pessoa. Quando você tenta ser quem não é, afasta seu parceiro ideal, porque ele está procurando justamente a pessoa que você deixou para trás.

Lição 15

Tudo pode mudar num piscar de olhos.

Em um de seus romances, Chaim Potok descreve a visão de Deus em contraposição à visão humana. Vemos o mundo de maneira fragmentada porque piscamos. Mas Deus, que nunca pisca, enxerga todo o Universo como não somos capazes de ver: por inteiro.

Há quem acredite que algumas pessoas, raras, consigam enxergar mesmo enquanto piscam. A crítica de arte irmã Maria Gloria Riva disse certa vez em uma entrevista que santos e artistas conseguem, porque podemos perceber a beleza da integralidade que transparece em suas criações. Eles enxergam com a visão da fé. Parafraseando-a, quando você tem fé, consegue enxergar além das limitações. Pode captar a luz de um "agora" onde os outros veem apenas a escuridão do "ainda não".

Uma vez, conheci um homem que podia ver o agora no ainda não. Sua vida havia mudado num piscar de olhos em um Natal.

O padre Mike Surufka recebeu um telefonema no dia 7 de dezembro de 2002, quando estava fora da cidade. Houvera um incêndio na casa paroquial onde ele morava. Ele voltou correndo e as notícias ficaram cada vez piores. Seu melhor amigo, o padre Willy, estava desaparecido.

Então o bispo ligou. Os bombeiros haviam encontrado o corpo do padre Willy nos destroços. Mas a investigação revelara algo ainda pior: o padre não havia sido morto pelo fogo, mas com um tiro.

Todos na comunidade amavam o padre Willy. Ele era o sacerdote da bela igreja polonesa que os franciscanos dirigiam. Na tarde depois do incêndio, padre Mike chegou para a missa quando as pessoas oravam: "Cordeiro de Deus que tirais o pecado do mundo, tende piedade de nós." Ele conseguiu se conter, até que se virou para o altar e viu os coroinhas. Todos eles, meninos e meninas, tinham o rosto banhado em lágrimas. Então o padre chorou.

As coisas ficaram ainda mais difíceis. Um irmão franciscano foi acusado pelo homicídio. Daniel Montgomery morava com os dois padres, mas ainda não havia feito os votos finais. Seu comportamento era estranho e deixava as pessoas pouco à vontade. O padre Willy tivera de dizer a ele que aquela situação não era adequada.

O irmão Dan havia atirado no padre Willy e depois ateado fogo à casa paroquial, para despistar a polícia.

Naquela noite, o padre Mike foi se deitar tendo a certeza de que havia perdido tudo: seus pertences, sua casa, seu amigo. A fraternidade é a essência da ordem franciscana e isso tornava a morte do padre Willy ainda mais difícil. Um irmão matara outro.

No dia seguinte, quando o padre Mike caminhou pela casa queimada, suas sandálias esmagaram estilhaços de vidro no negrume do chão. Ele parou no antigo escritório, onde as tachinhas haviam se fundido ao quadro de avisos em que antes ficavam fotos de amigos. Atravessou a escuridão do corredor, passou por portas calcinadas e janelas fechadas por tapumes. Entrou na antiga capela. Em uma parede enegrecida pela fumaça, uma cruz havia deixado uma marca branca na parede – tão intensa que parecia brilhar no escuro.

O padre Mike foi até a cozinha, onde ele e o padre Willy faziam juntos as refeições. Fez uma pausa sob o umbral onde o amigo fora encontrado. Parou na sala em que haviam montado a árvore de Natal. Como as pessoas da paróquia conseguiriam celebrar o Natal que se aproximava? Como poderiam celebrar qualquer coisa?

Ele caminhou entre os destroços, passou por corredores enegrecidos, por fios desencapados e estilhaços de vidro, sentiu o cheiro de queimado que tudo exalava. Não tinha mais casa. Seu amigo havia morrido. Todos na igreja estavam arrasados. Nunca sentira tamanho desespero.

Então, quando abriu a porta, uma mulher se aproximou. Hoje, ele a chama de anjo.

– Como vai? – perguntou ela.

– Não tenho mais nada – o padre respondeu, sincero.

Ela olhou para ele e disse quatro palavras que mudaram sua vida:

– Você tem a nós.

Então ele reconsiderou:

– Tenho tudo.

Aquele dia lhe mostrou o significado de ser franciscano: quando você se apega a Deus e ao amor, tem tudo o que importa. Havia 20 anos que ele usava a túnica marrom de São Francisco, mas foi naquele momento que ele se tornou de fato um franciscano.

As pessoas na comunidade sabiam que o Natal seria difícil. Então todos se esforçaram em encontrar a maior e mais frondosa árvore para a igreja. Ela media mais de cinco metros de altura. Cobriram-na com luzes e cada pessoa levou um enfeite de casa para decorá-la. Foi a árvore mais gloriosa que já tinham visto.

Toda vez que padre Mike fala daquele Natal, o mais triste e mais iluminado de sua vida, um sorriso brota em seu rosto. Ele pega uma Bíblia já muito gasta, com a lombada marcada de tanto ser aberta, procura João 1:5 e sorri quando encontra.

– Isto é *tão* natalino! – diz. Então lê em voz alta: – "A luz brilha nas trevas, e as trevas não a derrotaram."

Ele fecha o livro. Na capa, no canto inferior direito, há duas palavras escritas em dourado: William Gulas. É a Bíblia do padre Willy.

São Francisco disse que não existe escuridão tão profunda que a simples chama de uma vela não possa destruí-la.

Aquela mulher foi a vela.

Uma simples chama.

Um piscar de olhos.

Lição 16

A vida é curta demais para ficar se lamentando.

O melhor filme que já vi na vida é *Um sonho de liberdade*. Se tivesse de resumi-lo em uma palavra, ela seria "esperança".

No filme, Tim Robbins interpreta Andy, um homem inocente que está cumprindo prisão perpétua pela morte da esposa e do amante dela. Seu personagem suporta surras, estupros coletivos e um desespero devastador. Após anos de agressões, algo em Andy muda, para melhor. Ele volta seu olhar para uma linda praia no México e decide que irá até lá. Não conta seus planos a ninguém, nem mesmo ao melhor amigo, Red, interpretado por Morgan Freeman.

A cena que mais me marcou foi aquela em que os dois detentos estão sentados no pátio da prisão. Andy conta a Red que existe um lugar dentro de cada pessoa que nenhum guarda ou carcereiro pode tocar, um lugar que ninguém pode trancafiar.

Red o adverte que é perigoso ter esperança dentro da prisão.

Andy se recusa a acreditar no amigo. Ele fala em ir para a cidade da praia e observar as estrelas, tocar a areia, entrar no mar e se sentir livre.

Red fica tão perturbado pela visão de liberdade de Andy que o adverte a não sonhar de forma alguma. Diz ao amigo que se lembre de qual é o seu lugar, que não é o México.

Andy parece acreditar nele quando sussurra: "Você tem razão. É aqui, e estou aqui." Então ele vê que tudo se resume a uma escolha: "Aqui, é preparar-se para viver ou preparar-se para morrer."

Quando vemos Andy de novo, ele está em sua cela segurando uma corda. Ou vai se matar ou se libertar.

A vida nos oferece essas duas opções o tempo todo: preparar--se para viver ou preparar-se para morrer. Qual você vai escolher? Em que momentos você simplesmente se sente livre? A escolha certa é também a mais frequente?

Alguém me disse uma vez que a diferença entre um buraco e uma cova é que no primeiro há mais espaço para se mexer. Quando me vejo em um buraco, sei que é melhor sair antes que ele se torne uma cova.

Certa vez ouvi a história de um homem que tinha todos os motivos para desistir. Em 1976, Steve Barille estava no último ano do ensino médio e jogava beisebol e futebol americano. Em um dia como qualquer outro, Steve subiu na cama elástica de sua escola. Aos 17 anos, ele deu seu último passo, antes de cair ao tentar um salto mortal de costas.

Ele ficou paralisado do pescoço para baixo. Tetraplégico. O neurocirurgião disse à mãe de Steve: "Eu não desejaria isso ao meu pior inimigo."

Durante meses, Steve precisou do auxílio de máquinas para respirar. Passou um ano internado em diversos hospitais. Mas, antes mesmo de receber alta, começou a se preparar para ingressar no curso de psicologia da Universidade John Carroll.

Vinte anos mais tarde, usando uma vareta presa entre os dentes para apertar as teclas do computador, Steve abre o arquivo de sua tese.

Steve escreveu seu trabalho sem ser capaz de virar uma página, fazer uma anotação ou mesmo esfregar os olhos cansados.

Agora, ele é o Dr. Barille, Ph.D em psicologia pela Universidade Estadual de Kent.

Steve diz que seu sucesso é uma conquista em equipe e agradece à família e aos amigos. "É o que acontece quando existe um desejo coletivo. Eu tinha um bônus de esperança", diz ele. "Quando achava algo difícil demais, os outros diziam que não era."

O homem barbado atravessa o saguão do hospital em uma cadeira de rodas com sensores que, pela inclinação de sua cabeça, detectam para que lado virar e a que velocidade avançar. Suas mãos permanecem abertas, congeladas, sobre os apoios à frente do corpo. Quando precisa pegar o elevador, Steve simplesmente espera que alguém aperte o botão.

Ele observa seus pacientes, que se esforçam para voltar a andar na fisioterapia. Alguns precisam de ajuda para superar o medo de cair. Outros precisam de ajuda para sair da depressão causada por nunca mais poder voltar a usar um braço. Seu jeito agradável e sua voz suave reconfortam aqueles que sofreram derrames, aneurismas, lesões na coluna e amputações.

Seus pacientes aprendem a se movimentar com a ajuda de bengalas, muletas e andadores. Aprendem a usar novamente um garfo, a arremessar uma bola, girar um volante, coisas que Steve nunca mais fará. Entretanto, ele não para de sorrir. Diz que é um privilégio ajudá-los a se adaptarem a uma nova vida. Fica exultante com cada passo que dão, embora saiba que ele mesmo não voltará a andar. "Adoro o que faço. É tudo o que as pessoas sonham", ele me disse. "Não é necessária muita psicologia para ajudá-los. O principal é dar esperança."

Da cadeira de rodas, ele os ajuda a superar seus medos. Medo de cair, de fracassar, de não conseguir se livrar do desespero. Eles olham para aquele homem livre em sua cadeira de rodas e sabem que é hora de se prepararem para viver.

Lição 17

É possível superar tudo quando você se concentra no hoje.

Houve um momento em minha vida – na verdade, foram anos – em que as pessoas me paravam na rua para perguntar se eu estava bem.

Eu caminhava cabisbaixa, com o casaco escancarado em um dia de neve e vento, sem luvas, sem gorro, sem cachecol. Parecia uma órfã da vida. Era como se eu não tivesse amigos ou se houvesse perdido minha melhor amiga. As pessoas me paravam e perguntavam: "Está tendo um dia ruim?" Eu sacudia a cabeça: "Estou tendo uma vida ruim." E acreditava naquilo.

Na verdade, ninguém tem uma vida ruim. Nem mesmo um dia ruim. Apenas momentos ruins.

Anos de terapia e de sessões de aconselhamento me curaram. Depois, anos de retiros espirituais me transformaram, fechando o buraco que havia dentro de mim para que o amor que recebia de parentes e amigos parasse de vazar. No final, veio o homem dos meus sonhos, dando-me mais amor do que meu coração podia conter. Esse amor transbordou e alcançou os outros.

Internalizei uma certeza quase constante de que a vida é boa, mas foram necessárias décadas de trabalho árduo para atingir esse estágio e poder enxergar que a vida me amava e eu a ela. Formei uma imagem do que sonhava para o futuro. Retiros. Livros.

Uma coluna em um jornal. Lecionar. Repassar todas as dádivas que a vida havia me proporcionado.

Então veio o câncer.

Nem preciso dizer que aquilo não estava nos meus planos. O câncer de mama me fez mergulhar em um sofrimento mais profundo do que quase tudo o que eu já havia enfrentado. Eu tinha uma escolha diária a fazer: ater-me à tristeza do tratamento ou me apegar à alegria de simplesmente estar viva.

Não era fácil.

Minha vida passou a ser como um livro da série *Onde está Wally?*, só que, em vez de procurar o sujeito esquisito com gorro listrado nas páginas, eu tentava descobrir alguma coisa boa em um dia no qual a comida de gosto metálico não parava no meu estômago, estranhos ficavam olhando para minha cabeça careca e eu não conseguia reconhecer meu próprio reflexo no espelho.

Na verdade, o tratamento não era tão ruim quanto minha atitude em relação a ele. Eu sofria porque, em vez de viver o momento presente, revivia o passado, ressaltando os dias em que a medicação me deixara enjoada. Depois eu ficava com medo do futuro, da próxima sessão de quimioterapia, dos efeitos colaterais, das refeições que meu estômago não conseguiria segurar, da fadiga que a radiação causaria.

A única maneira de superar aquilo era deixando de pensar no que o passado havia trazido (de bom ou de ruim) e no que o futuro poderia me reservar. O dia que valia a pena era o que eu estava vivendo. Aquelas 24 horas eram perfeitamente vivíveis, desde que eu não arrastasse o passado e o futuro para dentro delas. Um dia de câncer eu poderia suportar.

Precisei de muita disciplina para ignorar o calendário. Eu me mantinha focada e tirava de vista qualquer outro dia que não fosse o hoje. Todo dia era um recomeço. A cada manhã, eu partia do zero de novo: esquecer tudo o que aconteceu ontem e nem sequer pensar sobre o amanhã. Eu tentava viver apenas o presente.

Também comecei a seguir o exemplo de uma senhora que conheci em um retiro. Toda manhã, chovesse ou fizesse sol, ela abria a janela do quarto, respirava fundo e saudava o dia dizendo: "Este é o dia que o Senhor criou. Eu o aproveitarei e serei feliz."

Este.

Este é o dia. Não ontem. Não amanhã. Este dia.

Eu não abria a janela, mas começava – e ainda começo – cada manhã com aquelas palavras. Em alguns dias, acrescento: "Obrigada, Senhor, por mais um dia de vida. Conceda-me a graça de viver este dia de maneira profunda, plena e alegre."

Quando bloqueei todo o restante e deixei apenas o momento presente, a alegria foi penetrando em minha vida. Não vieram horas e horas de júbilo, mas tive momentos tenros e meigos, que não deixei escapar. Minha cabeça não estava mais galopando em direção ao amanhã nem se afundando no passado.

Mesmo tendo terminado os tratamentos há muito tempo, às vezes o medo ainda me invade e quase rouba minha alegria sussurrando: "E se o câncer voltar? E se você não puder mais escrever? E se perder tudo o que ama?"

Mas passar um dia inteiro presa nisso é tempo de mais. Então divido o dia hora a hora, instante a instante. Quebro a tarefa, o desafio, o medo, em pequenos pedaços. Posso dar conta de um *pedacinho* de medo, depressão, raiva, dor, tristeza, solidão, doença. Eu paro e retomo o foco: "Nada de olhar para o amanhã, nada de olhar para o ontem." Depois, dou um passo, outro e mais outro adiante.

Andre Dubus escreveu em "A Father's Story": "Não é difícil transpor um dia se você puder transpor um instante. O que gera desespero é a imaginação, que finge que existe um futuro e insiste em prever milhões de momentos, milhares de dias e, assim, nos esgota tanto que não somos capazes de viver o momento ao nosso alcance."

Já não desperdiço o hoje temendo o amanhã ou me afogando na culpa ou no ressentimento do ontem. Deus não está no passado nem no futuro, mas no presente. Quando chamo Seu nome, posso superar o que quer que aconteça hoje.

Viver o presente é tudo que se espera de qualquer um de nós.

Lição 18

Se quiser ser escritor, escreva.

Ventava. A fila do lado de fora da capela da Universidade Case Western Reserve serpenteava por um quarteirão e as pessoas tremiam de frio enquanto esperavam. Eu era uma delas.

Éramos escritores e aspirantes a escritores – na maioria, mulheres de meia-idade com o mesmo olhar faminto – aguardando por Uma Conversa com Anne Lamott.

Todas nós estávamos ali para conhecer a autora de nossos livros de cabeceira. Ela apareceu com tranças rastafári amarradas com uma echarpe retorcida na cabeça, óculos, calça jeans desbotada e uma camisa branca de mangas compridas que era tão elegante quanto uma ceroula, mas que, nela, caía bem. Lamott tenta cooperar com a graça divina adotando três pequenas atitudes: reduzir o ritmo, respirar, dar uma volta.

Ela escreveu: "Quando Deus vai fazer uma maravilha, Ele ou Ela sempre começa com algo difícil; quando vai fazer algo incrível, começa com o impossível."

Seu livro *Bird by Bird: Some Instructions on Writing and Life* (*Um pássaro de cada vez: instruções sobre a escrita e a vida*, numa tradução livre) tornou-se um clássico. Foi a primeira obra dela que li. O título é referência ao dia em que o irmão da autora precisou fazer um relatório sobre pássaros.

Ele tinha 10 anos na época e esperara até o último minuto para começar a tarefa que a professora havia passado três meses antes. O menino estava sentado à mesa, quase aos prantos, cercado de livros sobre pássaros que até então não haviam sido abertos, quando o pai foi reconfortá-lo: "Um pássaro de cada vez. Simplesmente estude um pássaro de cada vez."

Escrever é simples assim. O mesmo vale para a maioria dos projetos e planos aparentemente avassaladores. É só avançar por partes, um pássaro de cada vez.

Termine um conto. Um poema. Comprometa-se a terminar as coisas. E, se não souber por onde começar, comece pela sua infância.

Anne Lamott nos disse para escrever o que quer ser escrito. Pergunte a si mesmo: "Quanta vivacidade eu quero ter?" Silencie as vozes na sua cabeça, sejam elas de pais, professores ou do seu meio cultural. Depois, sente-se e escreva o primeiro esboço, mesmo que fique capenga.

Ela falou em prestar atenção ao cutucão do Espírito Santo, aquela voz interior, aquela intuição. "As pessoas não resistem a esse apelo", afirmou Anne. "Simplesmente conte suas histórias com sua própria voz. É tudo o que o leitor procura."

Será que é tão fácil? Onde encontramos histórias para contar?

"Elas estão dentro de você, como joias em seu coração", disse Anne.

Fomos embora sem nenhuma dica sobre como conseguir publicar nossos livros. Mas todos nós sabíamos por onde começar: uma palavra de cada vez. Uma linha de cada vez. Um pássaro de cada vez.

Esse é um ponto de partida que a maioria evita. As pessoas estão sempre me perguntando o que fazer para se tornarem escritoras. Isso eu não sei, mas conheço uma lista de coisas que podem impedi-las:

- Fique horas assistindo a programas sem conteúdo na TV. Verifique seu e-mail. Mande mensagens para os amigos. Entre em salas de bate-papo de escritores. Atenda o telefone toda vez que ele tocar.
- Preocupe-se com detalhes gramaticais.
- Torture-se avaliando se é melhor usar vírgula ou ponto e vírgula, "numa" ou "em uma", "pra" ou "para".
- Passe horas pensando se deve usar abreviações ou não, digitar ou escrever à mão, usar lápis ou caneta, laptop ou computador de mesa.
- Lembre-se de todas as notas ruins que você já tirou em redação. Evoque todas as cenas de professores criticando seu trabalho. Discuta com os editores invisíveis que convocam reuniões em sua mente a cada hora. Chore por causa das cartas de recusa que você ainda nem recebeu.
- Tenha medo de novas tecnologias. Adie a escrita até dominar todos os recursos do seu programa de edição de textos.
- Termine seu doutorado em redação criativa primeiro. Comece a fazer terapia. Encontre o grupo de escritores certo.
- Espere até superar o medo da rejeição ou do sucesso. Diga a si mesmo que a probabilidade de ter um trabalho publicado é muito pequena. Fique pensando em como vai pagar as contas. Compare-se a todas as outras pessoas.
- Reclame que está quente demais, frio demais, úmido demais ou agradável demais lá fora para escrever.
- Esforce-se para dar uma contribuição significativa ao mundo da alta literatura. Analise todas as ideias antes de escrever a primeira frase. Busque a perfeição. Considere-se o próximo Shakespeare.
- Tente escrever igual a outra pessoa, nunca do seu jeito. Tente impressionar usando apenas palavras difíceis.

- Em vez de escrever, inscreva-se em mais uma conferência de escritores.
- Diga a si mesmo que você não tem nada a dizer. Consulte seu horóscopo. Faça uma lista de todas as pessoas que acham que sua carreira de escritor nunca vai deslanchar.
- Lixe as unhas. Regue as plantas. Limpe o porão.
- Alugue um escritório. Construa um cantinho só seu no jardim ou um cômodo extra na casa para poder escrever.
- Procure reconhecimento em todas as pessoas ao redor. Ignore suas próprias tristezas, suas paixões, sua melodia. Fique resmungando que ninguém o compreende.
- Peça adiantamento pela obra que ainda não escreveu.
- Atenda a todas as ligações de telemarketing. Jogue paciência no computador. Elabore uma lista de coisas a fazer e ponha "escrever" como tarefa número um.
- Reclame do professor de português que pegava no seu pé. Do professor que o ignorava. Do irmão que roubava suas agendas. Da irmã que lia seus diários.
- Perca tempo invejando outros escritores.
- Vá editando conforme for escrevendo. Confira as regras gramaticais e de pontuação antes de terminar cada parágrafo.
- Fale tanto sobre suas ideias a ponto de você mesmo perder o interesse.
- Espere até ter filhos. Espere até todos os dentes de leite de seus filhos caírem. Espere o campeonato de futebol deles terminar. Espere até que eles entrem para a faculdade. Espere até você ter duas horas livres para escrever.
- Espere até você parar de fumar, de beber ou até encontrar o drinque ideal e encher a cara.
- Espere até seus irmãos se mudarem ou até seus pais morrerem. Espere até encontrar o amor da sua vida. Espere até o divórcio ser homologado.

- Espere até você sair de férias. Espere até as férias acabarem. Espere até se aposentar.
- Espere até encontrar sua musa. Espere até se sentir inspirado.
- Espere até que um médico lhe dê seis meses de vida.

Então morra com suas palavras ainda dentro de você.

Lição 19

Nunca é tarde demais para ter uma infância feliz.

Passei 30 anos da minha vida odiando fazer aniversário.

Aquilo sempre me lembrava o grande erro que eu era, ou que acreditava ser. Não importava o que eu ganhasse de presente, nada preenchia aquele espaço de esquecimento e solidão dentro de mim.

Certa vez, quando perguntaram ao comediante George Carlin quantos anos tinha, ele respondeu: "Tenho um, dois, três, quatro, cinco..." e continuou até chegar à sua idade.

É verdade. Em algum lugar dentro de nós, estamos também em todos os estágios anteriores. Somos a criança de 3 anos que foi mordida pelo cachorro. Somos o menino de 6 que se perdeu da mãe no shopping. Somos a garota de 10 que fez xixi nas calças de tanto rir quando lhe fizeram cócegas. Somos o adolescente tímido que tem 13 anos e muitas espinhas. Somos a garota de 16 anos que não tem par para ir a uma festa. Seguimos nosso caminho em corpos adultos até que alguém puxe a alavanca que desperta uma criança em nós.

Há pessoas que tiveram infâncias infelizes. Outras passaram por momentos infelizes quando eram pequenas. Como se cura isso?

Proporcionando a si mesmo uma nova infância, feliz. Alimentando a criança que ainda existe em você.

Uma vez, decidi que compraria um par de sapatos de bebê para mim. Minha mãe teve 11 filhos. Ela não guardou nosso primeiro sapatinho ou uma roupinha ou qualquer outra lembrança do tipo, porque tudo era passado para o filho mais novo ou já vinha do mais velho.

Os primeiros quatro filhos encheram as páginas de um álbum de fotos. Eles aparecem em fotografias profissionais, sorrindo sob a luz perfeita e suave. Eu fui a criança número cinco. Não há fotos minhas de quando era bebê. Ou talvez haja. Aquela criança que aparece dentro de um chiqueirinho, um berço ou um carrinho em um retrato qualquer talvez seja eu. Ou minha irmã Mary. Ou, quem sabe, Tom. Ninguém mais lembra.

Eu costumava ficar triste por minha mãe não ter guardado recordações de quando eu era pequena. Talvez tenha sido por isso que guardei tudo da minha filha. O primeiro tênis. A primeira calça jeans. O primeiro sutiã.

Aí, um dia, decidi parar de sentir pena de mim mesma. Meus pais me proporcionaram a melhor infância que podiam, muito melhor do que a deles. Agora que sou adulta, não depende deles tornar minha infância feliz. Essa tarefa é exclusivamente minha.

Cabe a mim olhar para minha infância e encontrar a alegria que houve. Olhar para minha vida e ver a alegria que há. Olhar para meu futuro e construir a alegria que haverá. Cabe a mim fazer a mágica.

O mesmo vale para você. Arrume um horário para brincar. Separe um espaço em sua agenda ou descubra ao acaso uma hora de pura diversão a cada semana. Leve sua criança interior para um passeio semanal. Dei essa sugestão durante um retiro para mulheres e ouvi outras dezenas de ideias:

- Vá a uma loja de brinquedos e compre algo divertido.
- Visite um planetário e faça um pedido a uma estrela.

- Faça um vulcão com bicarbonato e vinagre.
- Coma um doce ou um sorvete no café da manhã.
- Jogue uma partida de minigolfe.
- Coma biscoito com marshmallow ou torradas com manteiga, açúcar e canela.
- Leia embaixo das cobertas usando uma lanterna.
- Peça a sobremesa primeiro.
- Pinte um lençol velho com os dedos.
- Vista seu pijama e vá assistir a desenhos animados.
- Alugue um vídeo de *Os três patetas*.
- Coma Sucrilhos antes de ir dormir.
- Jogue pingue-pongue.
- Colha um buquê de dentes-de-leão.
- Leia as tirinhas do jornal interpretando cada personagem.
- Vá a uma loja de animais e pegue os filhotinhos no colo.
- Visite a seção infantil da livraria.
- Brinque em um balanço.
- Corra por um gramado.
- Finja que é invisível.
- Participe de um jogo sem ligar para o resultado.
- Faça uma expedição exploratória.
- Compre uma caixa de lápis de cera só para você.
- Dê cambalhotas no jardim.
- Faça guerrinha com a grama que cortar do quintal.
- Ande na chuva sem guarda-chuva.
- Passe de bicicleta dentro de poças de lama.
- Brinque de batalha naval, dominó ou amarelinha.
- Procure ninhos de pássaros.
- Leia *O ursinho Puff*.
- Jogue peteca no quintal.
- Prepare uma caneca grande de vaca-preta.
- Faça um piquenique.

- Coma banana split.
- Chame os amigos para jogar taco na rua em frente à sua casa.
- Assista a *Mary Poppins*.
- Tire o dia de folga.
- Observe a movimentação de nuvens, das formigas e das árvores.
- Crie um penteado esquisito quando o cabelo estiver cheio de xampu.
- Memorize um trava-língua.
- Brinque de adedanha.
- Construa uma cabaninha com lençóis.
- Pinte com lápis de cera o espaço entre os dedos do pé.
- Faça colares com conchas ou sementes.
- Faça música batendo com uma colher em copos d'água.
- Vá ao corpo de bombeiros e peça para ver os caminhões.
- Acampe no quintal, na varanda ou na sala de estar.
- Aposte uma corrida de carrinhos de mão com os vizinhos.
- Desenhe em uma calçada de cimento.
- Atire seixos num rio, procure insetos embaixo de pedras, nade em um riacho.
- Tome um banho de mangueira.
- Faça um balanço com pneu velho.
- Comece uma guerra de travesseiros.
- Vá a um abrigo para animais e passeie com um cachorro.
- Siga as pegadas de um animal.
- Organize um desfile com todas as suas roupas.
- Pegue vaga-lumes.
- Visite o zoológico.
- Compre doces da sua infância.
- Suba numa árvore e leia uma revista em quadrinhos.
- Ensaie um passo de dança divertido.

- Solte pipa.
- Use 10 moedas de uma vez na máquina de chicletes.
- Pule na cama até se cansar e cair no sono.

O que quer que seja, só depende de você. Nunca é tarde para ter uma infância feliz.

Lição 20

Quando estiver correndo atrás do que ama, jamais aceite não como resposta.

Quis ser escritora desde que li *A espiã*, de Louise Fitzhugh, no quinto ano.

Espionava meus irmãos e irmãs, mexia em suas gavetas e fazia anotações sobre o que encontrava. Enchia páginas e páginas de diários e agendas, mas não deixava que ninguém visse o que havia nelas. Quando fiquei mais velha e tive a oportunidade de trabalhar no jornal da escola e escrever de verdade, morri de medo.

Na faculdade, mudei de biologia para botânica e depois quis me tornar guarda-florestal. Acabei engravidando e largando tudo. Seis anos depois, quando voltei a estudar, estava mais que na hora de correr atrás do meu sonho.

Então me inscrevi em uma disciplina de redação. No primeiro dia de aula, o professor pediu que preenchêssemos uma ficha explicando por que havíamos escolhido aquela matéria. Deduzi que só ele leria aquilo e me lancei em uma descrição de quanto amava escrever. Parecia uma anotação de diário.

Ele recolheu as fichas, misturou-as, tirou uma ao caso e nos mandou para o quadro-negro. Disse para anotarmos as frases que ele ia lendo. As quatro paredes da sala tinham quadros. Todos ficaram cobertos com meu texto medíocre. Fiquei vermelha como um pimentão.

Enquanto a turma interpretava meu parágrafo de divagações, analisando a gramática, a estrutura, o tom, o conteúdo, eu só rezava pelo poder de ficar invisível e sumir. Aquela aula nunca mais seria a mesma para mim. Senti-me um fracasso desde o primeiro dia.

No semestre seguinte, mudei de curso – de inglês para relações públicas – e me inscrevi em uma disciplina de jornalismo. Logo na primeira semana, me atrasei na entrega de um trabalho. O professor me humilhou na frente da turma: "É melhor desistir agora, Regina, porque nunca vai conseguir."

Quem disse que não? O professor queria que entregássemos um trabalho de cerca de 250 palavras a cada semana. Passei a entregar o dobro. De jeito nenhum eu ia ser reprovada naquela disciplina.

Tirei a nota máxima, mas, melhor ainda, fiquei convencida do que queria. Dois professores chegaram a me parar no corredor para dizer que eu deveria me formar em jornalismo, depois me conseguiram uma bolsa de estudos de 800 dólares. Jornalismo era a escolha perfeita.

Já perto da formatura, eu precisava desesperadamente de um emprego na área. Enviei 30 currículos para jornais de todo o país. Recebi 30 cartas de recusa. Então montei um portfólio com os melhores trabalhos que havia feito para o jornal da faculdade e fui procurar um professor que trabalhava no *Beacon Journal*, o melhor jornal de um dos melhores grupos do setor. Talvez ele pudesse me conseguir uma vaga.

O professor mal olhou meu trabalho. Balançou a cabeça e disse que eu não estava preparada para um jornal tão bom, que seriam necessários anos de prática, se é que eu algum dia chegaria àquele patamar. Foi como se batesse com a porta na minha cara. Fiquei abalada, mas segurei as lágrimas até chegar ao carro. Depois chorei até em casa.

Mas eu não podia me dar ao luxo de aceitar um não. Tinha uma filha para criar e queria uma carreira, não apenas um emprego. Acabei conseguindo uma vaga em um jornal do interior, cobrindo as notícias da prefeitura. Não era o ritmo, a cidade nem o contracheque que eu queria, mas era um emprego na área que eu amava. Eu pegava todas as pautas que me ofereciam, mesmo as que não me agradavam, e ainda arrumava tempo para escrever matérias extras. Mandava meus melhores artigos para meu amigo Bill, que trabalhava no *Beacon Journal*, para que a crítica dele me ajudasse a melhorar.

Seis meses depois, um editor do *Beacon Journal* me ligou. Bill havia lhe mostrado meus textos. Então mudei de emprego, mesmo sabendo que teria de escrever sobre agricultura e planos de saúde, assuntos que eu ignorava. Fiquei lá por algum tempo, depois comecei a cobrir problemas sociais e últimas notícias e a escrever matérias para revistas. Alguns anos mais tarde, decidi que queria ter uma coluna. Precisava fazer mais do que apenas relatar notícias. Queria contar a minha verdade.

O editor do jornal disse que não precisava de outro colunista – e nem queria um. Eu me tranquei no banheiro e me desmanchei em lágrimas, depois fui para casa e fiquei pensando no que poderia tornar minha coluna diferente. Anotei algumas ideias e procurei meu editor mais uma vez. Ele disse não de novo, mas falou que eu era boa demais como repórter para que me deixasse virar colunista.

Recusei-me a aceitar a resposta negativa. Usei-a como combustível. Fiz uma longa lista de ideias e redigi seis textos para a coluna, inclusive aquele que usaria como apresentação dela. Era um passo ousado, mas eu precisava dá-lo. Estava preparada e empolgada quando apresentei tudo a ele. Mais uma vez veio o não. Fui chorando para casa.

Meu marido (namorado, na época) segurou minha mão, enxugou minhas lágrimas e disse: "Tudo bem, vamos pensar no próximo passo. O que você pode fazer para conseguir o que quer?”

Bruce não aceita não como resposta. Ele é um otimista crônico. Há uma velha história sobre dois irmãos gêmeos, um otimista e outro pessimista. Um psiquiatra pôs o pessimista em uma sala cheia de brinquedos para ver o que aconteceria. O menino se lamentou e chorou. O médico pôs o otimista em uma sala cheia de esterco de cavalo e lhe deu uma pá. Horas mais tarde, o garoto sorria abrindo caminho com a pá a toda a velocidade.

Por que ele estava tão feliz? “Com todo este esterco, deve haver um pônei em algum lugar por aqui”, explicou o garoto.

Bruce é assim. Por pior que uma situação pareça, ele sempre procura o pônei. Nunca permitiria que eu abrisse mão dos meus sonhos. Para ele, não existem respostas negativas. “Encontre uma forma para transformá-las em respostas positivas”, ele diz.

Foi naquele momento que decidi: “Sou uma colunista. Sou uma colunista que, por acaso, ainda não tem uma coluna.” Então, saí abrindo caminho, procurando não o pônei, mas minhas colunas. Escrevia matérias em primeira pessoa sempre que possível. Quando me deram uma pauta sobre gêmeos (que a maioria dos repórteres detesta), escrevi sobre como era estar sozinha. Em uma matéria sobre vegetarianismo, falei de como as pessoas se sentiam deslocadas nas comemorações em que só se serve carne.

Com o passar do tempo, venci pelo cansaço. O editor disse sim. Escrevo colunas desde 1994, quando ele finalmente me abriu a porta que eu vinha empurrando.

Ainda me belisco todos os dias para ter certeza de que não estou sonhando. Tenho o emprego que sempre quis. Tudo porque não aceitei um não como resposta e continuei abrindo caminho.

Lição 21

Não guarde o que for bom só para o futuro. O dia de hoje é suficientemente especial.

Em vez de iluminar o ambiente, as velas na minha casa só acumulavam pó. E a culpa era minha.

Meus amigos me davam lindas velas perfumadas – maçã com canela, baunilha, brisa do campo –, velas para trazer paz, amor e harmonia, algumas com folhas e pétalas de rosa. Eu não acendia nenhuma.

Não queria gastá-las, então apenas tirava o pó delas. Mês após mês, ano após ano. Uma vez, ganhei uma vela dentro de um globo de vidro cheio de cravos-de-amor. Guardei-a por anos até que um dia fui tirar o pó e vi que a cera havia derretido ao sol.

Eu sabia que não devia ignorar minhas velas. Cresci lendo Erma Bombeck, a autora preferida de minha mãe. Erma era humorista e dona de casa, a única escritora que fazia minha mãe gargalhar e a primeira colunista de jornal que acompanhei.

Em um de seus melhores textos, Erma refletiu sobre o que faria diferente na vida se pudesse voltar atrás. Toda vez que eu o lia, jurava que passaria a seguir suas orientações.

Resolvia ser mais presente e parar de verificar os e-mails enquanto conversava com minha mãe ao telefone, desistia de levar uma vida multitarefa e prometia deixar o celular desligado enquanto dirigia, para apenas apreciar a vista.

Prometia passar mais tempo ao ar livre e parar de dar tanta atenção ao meu cabelo. Planejava acender a lareira mais vezes e não me preocupar se a sala ficaria cheia de fumaça.

Decidia ser mais espontânea com meus amigos e convidá-los para jantar sem que fosse preciso qualquer comemoração especial. Prometia a mim mesma falar menos sobre o meu mundo e ouvir mais sobre o deles.

Mas nunca consegui cumprir essas promessas. Até ter câncer.

Quando tinha 41 anos, descobri um caroço do tamanho de uma uva no meu seio direito. Câncer de crescimento rápido, estágio II. Perdi o cabelo, meu estômago não aceitava comida alguma, fiquei esgotada. Foram duas cirurgias, quatro ciclos de quimioterapia e seis semanas de radioterapia diária. Mas sobrevivi. E ganhei uma vida novinha em folha.

O câncer é um ótimo alerta. Ele avisa que devemos arrancar as etiquetas daquela lingerie nova, usar a calcinha de renda que fica guardada para uma ocasião especial. Alerta para usarmos o brinco de pérolas, para acendermos a lareira. Ele nos faz lembrar de abrir o pote de óleo de banho que está esquecido em uma prateleira, nos faz pensar em acender as velas.

Carrego na carteira uma foto de quando eu estava careca. Ela me faz pensar na importância de cada dia de vida. E, no lugar onde antes havia um seio, hoje está um lembrete para meu coração. Minhas cicatrizes me fazem lembrar que todos nós temos data de validade, um tempo de vida útil. Essa data não está impressa na nossa pele como em uma caixa de leite, mas existe. Ninguém vive para sempre.

O câncer me ensinou a parar de guardar coisas para ocasiões especiais, porque todo dia é especial. Use tudo, gaste tudo agora.

Não estou falando de dinheiro, mas do conselho da escritora Annie Dillard. Suas palavras em *The Writing Life* (*A vida de escritora*, em uma tradução livre) se aplicam à escrita, mas também à vida.

Ela aconselha os escritores a usar tudo o que tiverem agora. Não guarde nada – uma história, um parágrafo, uma citação, um começo ou um final – para o melhor romance, poema ou conto que planeja escrever no futuro. O simples fato de querer usar esse material significa que deve usá-lo. É um ato de fé. Você tem que acreditar que, depois de usar o que é bom, aparecerão outras coisas boas. Precisa crer que a fonte vai continuar a jorrar.

Para incentivar um jovem aprendiz, Michelangelo lhe escreveu o seguinte: "Desenhe, Antonio, desenhe, Antonio. Desenhe e não perca tempo." Pensei em pôr um lembrete no meu espelho também: "Viva, Regina, viva, Regina. Viva e não perca tempo."

Você não precisa ter um câncer para começar a viver plenamente. A vida é curta demais para que a desperdicemos com aborrecimentos e tristezas. Minha filosofia pós-câncer é: nada de perder tempo. Nada de roupas feias. Nada de filmes chatos. Elimine tudo isso e substitua por alegria e beleza.

O câncer me ensinou a usar duas palavras importantes: *não* e *sim*. Agora, quando amigos me chamam para algum evento e não estou com vontade de ir, digo: "Não, mas obrigada pelo convite."

Eu costumava dizer sim quando queria dizer não, geralmente porque tinha medo do que as pessoas iam pensar. Hoje consigo perguntar a mim mesma: "Vale a pena gastar algum tempo da minha vida com isso?"

Aprender a dizer não significa, na verdade, que posso dizer sim. Sim para uma vida autêntica da qual realmente gosto. Sim para ficar com as pessoas que mais amo. Sim para acender as velas, usar as pérolas e a melhor lingerie. Sim para caminhar na chuva.

Estes três passos simples podem mudar sua vida:

1. Escolha algo para o qual você precisa dizer não. Pode ser um relacionamento pouco saudável (com um homem, um cartão de crédito, uma loja de doces, o que for). O que aconteceria se você começasse a dizer não? Não para projetos que não precisam ser feitos por você. Não para todas as pessoas na igreja, na escola ou no trabalho que solicitam seu tempo e seu talento para mais um compromisso. Dê uma olhada na sua agenda. O que você anotou nela este mês que realmente queira fazer? Elimine o que não for bem-vindo e abra espaço para você, para a alegria, a paixão e o amor.

2. Escolha algo para o qual você quer dizer sim. Pode ser amar a si mesmo do jeito que você é. Ou perdoar alguém de quem sente falta. Voltar a estudar, aposentar-se mais cedo, tentar namorar outra vez. Lá no fundo, você sabe o que é. Quando diz não, pode começar a dizer sim. Sim para bons livros e dias mais tranquilos, para aprender um artesanato ou um instrumento musical, para passear no fim de semana ou fazer a viagem dos seus sonhos. Diga sim ao que melhora sua vida e o mundo à sua volta. Não precisa ser um grande salto, apenas um pequeno passo de cada vez.

3. Compartilhe essas decisões com as pessoas que torcem por você. Conte ao seu cônjuge, seu amigo, seu pai. Torne reais o seu sim e o seu não.

Você não precisa de um diagnóstico de câncer para começar a viver plenamente. Acenda uma vela para lembrar que a vida é curta, que o agora é o único momento que importa. Saia do cinema se o filme for chato. Feche o livro se ele não o encantar.

Receba cada manhã de braços abertos e, à noite, agradeça do fundo do coração pelas horas que se passaram. Cada dia é uma dádiva preciosa. Não a deixe guardada para um futuro que talvez nunca chegue.

Lição 22

Prepare-se ao máximo. Depois, siga o fluxo.

Dizem que "a coragem é o medo que ora". Eu costumava pensar que, se orasse, conseguiria afastar o medo. Isso de fato funciona. O problema é que ele volta quando surge um novo desafio. De qualquer forma, rezo constantemente. As preces me dão força para agir, para caminhar por entre o medo.

Muitas coisas na vida ainda me assustam. O medo é um companheiro constante e incômodo para mim. Mas aprendi a encará-lo pensando: "E daí? Que venha o próximo desafio."

Meu amigo Don me ensinou um lema que o ajudou a passar por entrevistas de emprego, solicitar verbas e enfrentar reuniões de negócios que o aterrorizavam. Esse lema também me ajudou a fazer discursos para centenas de pessoas, escrever minhas colunas no prazo certo e apresentar um programa semanal de rádio.

Don o ouviu pela primeira vez na década de 1980, quando trabalhou em um programa governamental para adolescentes com dependência química. Durante seu treinamento, o orientador-chefe sempre lhe dizia: "Prepare-se ao máximo. Depois, siga o fluxo."

Meu amigo seguiu esse lema. Tinha informação de sobra a ser usada caso cessasse o fluxo, mas, por segui-lo, conseguia uma troca de informações pessoais muito produtiva em suas sessões. Os jovens o adoravam.

Ao longo dos anos, Don usou esse lema como guia sempre que se sentia inseguro. Quando se candidatava a um emprego, redigia um plano de negócios que abrangesse todas as informações que obtinha sobre a empresa. Don identificava coisas que precisavam ser feitas e explicava como gostaria de fazê-las. Chegou a conversar com 25 profissionais da área e preencher dois cadernos com informações ao se preparar para uma entrevista. Obviamente, foi contratado.

Para toda situação com a qual não esteja familiarizado, ele dedica mais tempo e se prepara mais a fundo do que qualquer um. Antes, Don tinha inveja das pessoas que considerava mais inteligentes do que ele. Então percebeu que elas apenas faziam o dever de casa. Preparavam-se ao máximo. Ele começou a fazer o mesmo e seguir o fluxo – e as ultrapassou.

Hoje ponho esse lema em prática pelo menos uma vez por semana. Antes eu acordava ansiosa quando tinha de apresentar meu programa semanal na rádio. Agora me preparo ao máximo no dia anterior, faço pesquisas sobre os convidados e os assuntos que discutiremos, imprimo informações. O simples fato de ter essas folhas na minha frente já me dá confiança. Dificilmente chego a usar metade do que está ali, mas, quando entramos no ar, sentir que estou preparada afasta a ansiedade e me permite assumir o controle.

Quando minha amiga Sharon me pediu para acompanhá-la no parto, fiquei empolgada, mas com medo. Tenho uma filha, mas nunca havia acompanhado o parto de outra pessoa.

Frequentamos aulas durante semanas. Fiz muitas anotações e digitei tudo o que ela gostaria que fosse seguido: parto natural, ambiente à meia-luz, música suave, nenhum analgésico. Listei ainda os visitantes permitidos, a loção a ser usada e a marca de isotônico de que ela gostava.

Perto da data esperada, arrumei uma enorme mala com tudo o que poderíamos usar. Aparelho de CD para tocar música suave, bola de vinil na qual ela pudesse sentar para estimular o trabalho de parto, barras de cereal para mim, bombons para as enfermeiras, câmera de vídeo. Certifiquei-me também de instalar uma cadeirinha de bebê, encher o tanque do carro e forrar o banco do carona com um tecido à prova d'água.

A bolsa da minha amiga estourou às 5h da manhã e nós seguimos o fluxo, direto para o hospital. Durante horas, nada aconteceu. Mas estávamos preparadas para isso. Jogamos cartas, lemos, ouvimos música. Como as contrações não estavam aumentando conforme o esperado, a equipe médica decidiu induzi-las. Então elas vieram com força total. Ajudei Sharon a fazer exercícios de respiração e a se posicionar de modo que aliviasse o desconforto e lhe permitisse não perder o foco. Enquanto minha amiga lutava com a dor, permaneci calma e segura como uma rocha.

O pequeno Finnegan era lindo. Seu nascimento me ensinou que podemos fazer qualquer coisa e, sobretudo, podemos ajudar os outros a fazer qualquer coisa. Basta acreditar. Quando nos preparamos ao máximo, é muito mais fácil confiar no fluxo da vida e no nosso destino.

Lição 23

Não espere a velhice chegar para ser diferente.

Os idosos e as crianças sabem viver.

Parece que estar nas extremidades da linha da vida lhes permite isso. Eles não precisam se preocupar com o que os outros pensam. São jovens demais para ter consciência ou velhos demais para se importarem.

Quem está nos estágios intermediários da linha da vida poderia aprender algumas coisas com eles.

A inglesa Jenny Joseph escreveu o poema "Aviso" em 1961. Cerca de duas décadas depois, ele se tornou popular a ponto de ser usado em cartões, bolsas e camisetas. Falava da ousadia de usar roupas roxas.

Como muitos de nós, a personagem do poema está cansada de sapatos elegantes que combinam com roupas das quais nem gostamos, que nos tornam invisíveis de tão iguais a todo mundo. Ficamos tão padronizados que ninguém nota que estamos vivos. Não atravessamos fora da faixa, não falamos palavrão, não fazemos ninguém corar, rir ou cantar. Ela está cansada de se comportar bem. Assim como eu.

Às vezes a pessoa simplesmente quer comer pimenta, declamar *Hamlet* ou cantar. Há dias em que qualquer um tem vontade de gritar no meio de uma reunião de negócios ou de assoviar enquanto espera numa fila. A vida seria muito melhor se mais pessoas estivessem dispostas a aproveitá-la ao máximo.

Toda vez que vejo uma senhora usando roxo, penso naquele poema. Que chatice ser tão certinho o tempo todo, ser um bom exemplo, obedecer a todas as regras. Adoro um cartão de aniversário que tem os dizeres: "Se você obedece a todas as regras, não se diverte!"

"Aviso" inspirou um grupo de mulheres a criar a The Red Hat Society (Sociedade do Chapéu Vermelho). Elas se reúnem para se divertir e ficar de bobeira. Essa autodenominada "des-organização" tem poucas regras. As integrantes do grupo se vestem a caráter: chapéu vermelho – quanto mais excêntrico, melhor – e roupa roxa. As mulheres com menos de 50 anos usam chapéu rosa e vestem lilás. Elas ainda não conquistaram o direito de serem tão extravagantes quanto as mais velhas.

Admiro secretamente os homens que usam aqueles enormes chapéus engraçados em eventos esportivos e as mulheres que vestem blusas vermelhas com lantejoulas para jantar fora numa segunda-feira. Na maioria das vezes, nem batom tenho coragem de usar. A primeira vez que pintei os lábios, uma colega de trabalho perguntou se eu estava doente. Acho que escolhi um tom roxo demais.

A coisa mais excêntrica que já fiz foi usar uma lancheira com o Charlie Brown... na faculdade. Tinha até uma garrafinha térmica com Lucy e Woodstock. Só fui ter uma lancheira aos 19 anos. Quando criança, eu morava a duas quadras de distância da escola e almoçava em casa. O problema de carregar uma lancheira no primeiro ano da faculdade era que as pessoas não conversavam comigo. Achavam que eu tinha problemas mentais. Minha lancheira envergonhava meus amigos, então, sucumbi à normalidade.

Uma década depois, tentei usar uma boina preta, mas as pessoas caçoavam, me chamavam de artista ou falavam em francês comigo.

É mais fácil estar dentro do padrão de normalidade, mas não é tão divertido. A maioria de nós é bastante normal. Algum tempo atrás, procurei "excêntrico" na Wikipédia dos Estados Unidos e encontrei apenas seis entradas. Elas falavam de pessoas que haviam aberto mão de um advogado e representado a si mesmas legalmente, de gente que usava gravata-borboleta ou observava pássaros, de delatores e *drag queens*, de pessoas que contestavam diretrizes e de gente que gostava de construir miniaturas de trens.

Nada me pareceu muito excêntrico. Posso pensar em coisas muito mais inusitadas: pessoas que amam gatos e têm 20 bichanos ou mais pela casa; gente que usa penteados tipo Einstein, daqueles que dão a entender que você enfiou o dedo na tomada; pessoas que enchem o jardim de estátuas de gnomos; colecionadores de caixinhas de chiclete e gente que põe piercings nas partes íntimas.

Na verdade, não conheci muitas pessoas realmente excêntricas. Conheci uma senhora que só usava branco da cabeça aos pés e um homem que usava short o ano inteiro – em Cleveland, onde faz frio de janeiro a dezembro. E eram shorts curtos, do tipo que saiu de moda na década de 1980.

Temos um vizinho excêntrico. O Sr. H. usa as mesmas roupas há 10 anos. Elas se desintegraram. Sua camiseta branca ficou amarelada como um jornal; as calças azuis têm buracos enormes nos joelhos. Ele tem 80 anos e vive de uma fortuna herdada.

O Sr. H tem três casas na nossa rua e vive em apenas uma. As outras duas estão caindo aos pedaços, cheias de guaxinins e esquilos. Mas meu vizinho não liga. É do tipo que parece conversar com bichos e plantas. Já chegou a ser punido pela prefeitura por não cortar a grama porque gosta de abrigar coelhos e outros animais.

Um dia, ele foi até nossa casa com um frasco de esmalte cor de vinho e um recibo no valor de 69 centavos. Tocou a campainha e mostrou que uma lasca de tinta do tamanho da unha de um recém-nascido havia caído do acabamento da nossa casa. Queria que retocássemos a pintura. E queria também o reembolso dos 69 centavos – e não aceitava 1 dólar.

Pessoas como ele dão cor ao mundo.

Geralmente, ouvimos falar delas quando morrem. O homem que assistia nu às aulas em Berkeley. O cara que se autodenominava Joybubbles ("Bolhasdealegria") e conseguia assobiar os números como se fosse o tom de discagem de um telefone. A mulher cujo obituário mencionava que ela havia quebrado a perna ao cair de uma árvore aos 80 anos.

Uma vez, durante um retiro na abadia de Gethsemani, em Kentucky, notei que um dos monges não estava usando sapatos ou sandálias. Quando ele andava e seu hábito branco balançava, víamos suas botas de caubói. Que legal!

Se um monge pode usar botas de caubói, nós podemos usar acessórios incríveis.

Comecei a usar óculos de sol com estampa de oncinha. Comprei-os em South Beach, na Flórida, quando meu sogro morreu. Estávamos em uma ótica e eu os experimentei de brincadeira.

Meu marido e Gary, irmão dele, adoraram. Meu sogro adorava óculos escuros, então, cada um de nós comprou o seu. Usei meus óculos de oncinha no funeral. Anos mais tarde, usei-os no casamento da minha filha. Tornaram-se minha marca registrada.

Adoro o que o escritor Ray Bradbury disse sobre sermos milagres. Faz com que eu me sinta o ponto de exclamação de um Universo que quer gritar que está vivo.

Acho que ser diferente é ser um grito do Universo. Então, o que você está esperando? Grite!

Lição 24

Comece a poupar 10% para a aposentadoria assim que receber o primeiro salário.

Pela primeira vez na vida, eu estava ganhando muito dinheiro.

Tudo bem, não era muito dinheiro, mas era um salário decente. Provavelmente, para outra pessoa, 22 mil dólares por ano seria nada, mas, para uma mulher que sustentou sozinha uma filha com um salário anual de 7.500 dólares durante dois anos e depois conseguiu viver com um de 12 mil, parecia um milagre.

Eu podia levar minha filha ao McDonald's sem ter de procurar moedas embaixo das almofadas do sofá. Podia comprar um pote de meio litro de sorvete sem precisar esperar que ele entrasse em promoção. Podia pagar a conta de luz em dia.

Sim, era meu grande momento. Ou pelo menos era o que eu achava. Eu tinha 30 e poucos anos e ainda estava tentando alcançar o padrão de vida das outras pessoas quando um colega de trabalho começou a pegar no meu pé, falando sobre poupar para a aposentadoria. Aposentadoria? Ele só podia estar louco. Eu precisava do dinheiro naquele momento.

Eu finalmente havia conseguindo certa estabilidade financeira e ele queria que eu desperdiçasse meu dinheiro com o futuro? A aposentadoria estava a décadas de distância. Anos-luz. Era assim que eu pensava.

A cada dois meses ele me perguntava se eu havia aderido ao plano de previdência da empresa. O jornal para o qual trabalhávamos contribuía com 25 centavos para cada dólar que depositássemos. Isso significava que, para cada 20 dólares meus, eles acrescentavam 5. Para cada 100 dólares, eles adicionavam 25, e assim por diante.

Não, eu não havia aderido e nem planejava aderir. Não era porque eu não confiasse nas pessoas, mas porque achava que dinheiro era algo ruim. Eu interpretava erroneamente o trecho da Bíblia que diz que "o amor ao dinheiro é a raiz de todos os males". Querer mais dinheiro me parecia cobiça, então continuei a recusar não apenas os 25 por cento que a empresa me oferecia mas também todo o rendimento que isso teria gerado.

Meu amigo finalmente me venceu pelo cansaço. "Eles estão lhe *dando* dinheiro. Como pode recusar?"

No fim, comecei a contribuir para o plano de aposentadoria, mas, por medo e ignorância, perdi anos de ganhos em potencial.

Só quando conheci meu marido, anos mais tarde, aprendi o significado dos juros compostos. Foi ele quem me apresentou esse conceito financeiro tão importante. Dizem que o próprio Einstein uma vez afirmou que os juros compostos são a força mais poderosa do Universo.

Ah, se eu tivesse descoberto antes que o tempo faz o dinheiro crescer... Uma vez, depositei algumas centenas de dólares em uma aplicação de prazo fixo. A cada dois anos, no aniversário da aplicação, eu sacava o rendimento. Era a minha bonificação. Dinheiro grátis. Oba! Nunca deixava o rendimento inicial lá para render juros. Ninguém havia me ensinado a fazer isso.

Se você consegue não mexer no dinheiro aplicado, ele começa a trabalhar a seu favor. Você pode investi-lo em ações, fundos mútuos, o que quer que seu consultor financeiro recomende. Mas não mexa no dinheiro – nem nos rendimentos.

Tente imaginar que aquela quantia não é sua. A gente se acostuma a viver sem ela.

Um dos livros de linguagem mais simples que explica esse mecanismo é *The Wealthy Barber*, de David Chilton. O livro foi escrito em 1989 e traz uma verdade eterna. Na história, Roy, um barbeiro rico de uma cidade pequena, age como mentor de seus clientes. Roy lhes diz para começarem a poupar imediatamente para a aposentadoria. Quanto mais cedo, melhor.

O barbeiro conta a história de dois gêmeos de 22 anos que decidiram começar a poupar para a aposentadoria. Um dos gêmeos faz um plano de previdência privada, investe 2 mil dólares por ano durante seis anos e, depois, para. Na história, a previdência privada rende 12% ao ano, o que é bastante bom.

O segundo gêmeo adia a decisão e só começa a investir em previdência privada sete anos depois, no ano em que o irmão para. Ele deposita 2 mil dólares por ano durante 37 anos, também a 12%.

Quando ambos completam 65 anos, saem para jantar e comparam o saldo de suas contas. O homem que começou a poupar depois tem certeza de que conseguiu juntar pelo menos 10 vezes mais que o outro.

Nada disso. Aos 65 anos, ambos têm o mesmo saldo: 1,2 milhão de dólares.

Essa história sempre me deixa boquiaberta. Se você fizer as contas, perceberá que o primeiro irmão depositou 12 mil dólares no total. O segundo, 74 mil dólares, mais de seis vezes o valor poupado pelo outro – para obter os mesmos 1,2 milhão de dólares no final.

Conclusão: comece a poupar para a aposentadoria agora e não mexa nos rendimentos. Deixe-os lá para ganhar juros sobre eles.

Meu marido vive dizendo a seus dois filhos e à minha filha para investirem 10% de todo o dinheiro que ganharem, seja presente de aniversário, de Natal, salário ou gratificação. Esse é um ótimo hábito para ensinar às crianças desde que começarem a receber mesadas.

Guarde 10%. É uma atitude simples, que requer apenas que você decida se responsabilizar integralmente por si mesmo e por seu futuro.

Lição 25

Você é o único responsável pela sua felicidade.

Seres humanos não leem mentes.

Qualquer um sabe disso. Ainda assim, muitas mulheres exigem o impossível de maridos e namorados.

Pense, por exemplo, no Dia dos Namorados. Quantas mulheres sabem exatamente o que querem, mas não dão nenhuma dica aos parceiros? Você quer uma caixa de chocolates e ele lhe compra uma calcinha comestível. Você quer ir ao teatro e ele a leva a um jogo de basquete. Você quer jantar a luz de velas e ele escolhe uma lanchonete.

Homens e mulheres seriam muito mais felizes se entendessem a própria cabeça e cuidassem das próprias necessidades e desejos.

Fiquei infeliz durante muitos anos no meu aniversário, no Dia dos Namorados, no réveillon e nas noites de sábado, porque tinha grandes expectativas a respeito do que meu namorado faria para me agradar. O problema era que eu nunca deixava claro para ele o que eu queria. Nem para mim mesma. Toda vez que ele perguntava qual filme poderíamos ver, eu dava de ombros sem nem me dar o trabalho de erguer a cabeça e ver o que estava em cartaz. Sempre que ele perguntava onde poderíamos jantar, eu dizia que não importava, mesmo que estivesse morrendo de vontade de comer pizza ou devorar um belo prato de comida mexicana.

Por que eu simplesmente não dizia o que queria? Porque tinha ficado arrasada todas as (raras) vezes em que tivera coragem de expressar minha vontade e ainda assim não conseguira satisfazê-la. Para evitar esse sentimento de rejeição, eu mantinha em segredo qualquer desejo que tivesse. Eu pensava que havia uma chance de que eles se realizassem mesmo se não fossem expressados. É um jogo estranho que nós, mulheres, costumamos praticar e no qual quase sempre entramos para perder.

Por fim, aprendi o segredo. Não deixe que o medo de ter suas expectativas frustradas force você a negar suas vontades e esconder o que seu coração deseja. Quando alguém perguntar o que você quer, pergunte a si mesmo o que realmente o faria feliz. Então pense em três opções para dar à pessoa. Assim, ela ainda terá escolha do que lhe oferecer e tudo estará conspirando a seu favor.

Quando o assunto for namoro, trabalho, casamento, criação de filhos ou qualquer outro relacionamento, seja responsável por sua própria felicidade, porque você é a única pessoa capaz disso. Em vez de ficar desejando que alguém lhe entregue de bandeja a vida dos seus sonhos, faça com que ela se realize. Termine a faculdade. Invista em uma carreira. Pense no que o faz feliz e siga por esse caminho todos os dias.

Ninguém pode ser responsável por sua felicidade. Seu patrão, seus colegas e amigos não podem. Nem mesmo sua mãe, seu pai, seus filhos, seu cônjuge, seu namorado ou namorada. Essa responsabilidade é sua e apenas sua.

Para começar, você precisa fazer uma escolha: ser feliz. Quando se vir preso ao medo, ao pessimismo, à tristeza e à dor, pare e pergunte a si mesmo: "Quero ser feliz?"

Responder "sim, mas..." não é suficiente. Nada de "mas". Escolha a felicidade aqui e agora. Só depende de você.

Quando estiver se sentindo triste por qualquer motivo, pergunte a si mesmo: “O que uma pessoa feliz faria neste momento?” Pratique a felicidade. Aja como alguém feliz.

Incorpore a felicidade à sua rotina. Separe um horário semanalmente na agenda para cuidar de si mesmo – da sua saúde, da sua beleza, de sua paz.

Imagine seu dia ideal e faça-o acontecer. Use sua roupa preferida. Tire um cochilo. Fique acordado até tarde. Coma pizza no café da manhã. Planeje um dia dos sonhos só para você.

Faça uma massagem. Vá a uma manicure e pinte cada unha de uma cor. Compre uma lingerie bonita e jogue fora as calcinhas velhas. Você merece o melhor.

Chame um grupo de amigos e improvise uma festa. Peça que todos levem um doce à base de chocolate.

Crie um refúgio em sua casa, um lugar só seu no qual você reze, durma, crie. Ponha uma cadeira ao sol sob a janela. Pendure uma samambaia ou cuide de um canteiro de violetas. Arrume seus livros.

Leia sonetos de amor na cama. Tome um banho de espuma. Ou uma ducha bem quente, que encha o banheiro de vapor. Colha flores e coloque-as na mesinha de cabeceira.

Tente se alegrar. Assista a seriados engraçados na TV, compre revistas em quadrinhos, ouça músicas antigas.

Marque um encontro consigo mesmo. Planeje um jantar à noite. Peça o vinho, a entrada, o prato principal e a sobremesa de que mais gosta. Se o garçom perguntar “Só uma pessoa?”, diga “Sim!”, com alegria, não com vergonha.

Ouça sua música favorita da época de escola. Grave um CD com suas canções preferidas, a trilha sonora da sua vida.

Faça uma lista das 20 melhores coisas que já aconteceram em sua vida. Depois escreva 20 coisas que você gostaria que acontecessem, escolha uma e faça algo para que ela se realize.

Finja que tem 6 anos e escreva uma carta para o adulto que você é agora. O que a criança que você foi teria a lhe dizer?

Rearrume seu quarto de forma a que a luz – do Sol ou da Lua – entre sem dificuldades. Decore um canto com um pisca-pisca delicado.

Preste atenção ao que você diz a si mesmo. Se a conversa não for agradável, mude-a. Escreva um novo roteiro. Espalhe frases positivas pela casa. Esconda-as no porta-luvas, na maleta de remédios, no freezer, na gaveta de meias.

Reúna em um álbum todas as fotografias soltas ou faça uma colagem com as fotos das pessoas que você mais ama.

Quando você cuida das suas necessidades e desejos, não cria expectativas descabidas em relação aos outros. Então nunca mais depende deles, porque está satisfeito. Você passa a ter algo a oferecer, o que beneficia a todos.

Aceite e comemore o fato de ser o responsável por sua própria felicidade. Como um amigo me ensinou, o esforço necessário para ser feliz ou infeliz é exatamente o mesmo.

Lição 26

Quando algo ruim acontecer, pense: "Será que isso vai ter alguma importância daqui a cinco anos?"

Pegue qualquer suposto problema, catástrofe ou crise e pense: "Será que isso vai ter alguma importância daqui a cinco anos?" A resposta quase sempre é não.

Pense nos seus estudos. Levei 12 anos para concluir a faculdade. Isso tem alguma importância hoje? Não.

Eu queria ser guarda-florestal e precisava de 25 horas de créditos em química. Fui reprovada na primeira disciplina. Então tirei notas baixas em zoologia e em psicologia infantil também. Fiquei me considerando um fracasso. As coisas pioraram: engravidei e larguei a faculdade. Seis anos depois, quando voltei, descobri que poderia eliminar todas aquelas notas. Maravilha. Um upgrade instantâneo na minha média.

Muitas vezes ficamos agoniados por causa de coisas que não têm tanta importância.

Você está com uma baita dor de cabeça, uma cólica horrorosa ou uma sinusite violenta que não o deixou dormir. Passou a noite toda se contorcendo e agora está em dúvida se deve ou não ligar para o trabalho e dizer que está doente. Ligue. Esse dia de licença médica terá alguma importância daqui a cinco anos?

Você precisa entregar um relatório e acha que ainda não está perfeito. É o melhor que você conseguiu fazer, mas não é exatamente o que você imaginava. Você havia planejado entregar 10 páginas, mas seu relatório tem apenas nove. Relaxe. Daqui a cinco anos, isso vai ter alguma importância?

Você está amamentando e precisa voltar a trabalhar. Quer parar de amamentar, mas acha que isso afetará sua relação com o bebê. Será que ele vai se sentir abandonado? Será que a mamadeira vai destruir nosso vínculo emocional? Daqui a cinco anos, isso não terá importância alguma. O importante é que você ama seu filho.

O filho de 2 anos de uma amiga minha não conseguia largar a chupeta. Ele a chupava com tanta força que chegava a fazer barulho. A chupeta prejudicaria sua dentição, mas a mãe ficava se perguntando como ele dormiria sem aquele recurso. Por fim, minha amiga disse ao filho que teriam de doá-la para uma criança que precisava mais dela. O menino deixou a chupeta no mesmo dia e continuou a dormir tranquilamente.

Os pais passam por isso o tempo todo. Preocupam-se porque o filho não começou a andar com a mesma idade que o filho de outra pessoa. Será que, em cinco anos, o fato de o bebê ter dado os primeiros passos aos 9 ou aos 14 meses fará alguma diferença? O mesmo acontece quando vamos ensinar as crianças a usar o vaso sanitário. Os pais surtam porque o filho de um 1 ano e meio usa fraldas ou o de 2 anos ainda tem alguns acidentes de percurso. Relaxe. Eles vão aprender.

Experimente fazer esse questionamento em relação a entrevistas de emprego, relacionamentos ou provas: "Isso terá alguma importância daqui a cinco anos? Cinco meses? Cinco minutos?" Provavelmente, não.

E quando é algo mais complicado? Quando há mais pessoas envolvidas? A pergunta dos cinco anos também vale. Às vezes, você precisa olhar para a frente e perguntar: "O que disso tudo será importante daqui a cinco anos?" Um treinador do time de uma escola fez isso e deu aos jogadores uma lição de vida. Foi um aprendizado difícil, mas que eles nunca mais esqueceram.

O treinador Kerry Coombs havia levado seu time a 13 vitórias em 13 jogos. Na última partida, o placar havia sido de 49 a 7. Os garotos se dedicavam de corpo e alma. Faltavam apenas alguns dias para o campeonato estadual. Aonde quer que o treinador fosse, as pessoas o cumprimentavam.

Todos estavam empolgadíssimos com a grande partida de sábado até que um ex-aluno da escola, já formado, disse à mãe enquanto assistia aos destaques esportivos na TV: "Ué, aquele garoto estudou comigo. Por que ainda está na escola?"

A mãe, que trabalhava na escola, fez a mesma pergunta a um conselheiro. Foram pesquisar o histórico do garoto e descobriram que ele havia repetido e que aquele era seu quinto ano no ensino médio. Não era permitido que atletas assim competissem pela escola. A informação foi transmitida ao treinador, ao diretor e ao superintendente.

Não fazia diferença que o garoto só tivesse jogado futebol americano por dois anos no ensino médio. Não importava o fato de ele ter problemas familiares e haver perdido muitas aulas por conta disso no ano anterior. Ninguém iria querer saber que ele havia conseguido melhorar suas notas, que tinha feito amigos no time e estava se esforçando para dar um rumo à própria vida.

Regra é regra. E, se o treinador relatasse a infração, seu time não poderia participar do grande jogo.

"Não foi fácil", o treinador Coombs me disse. "Eu estaria mentindo se não dissesse que uma parte de mim pensou: 'Só cinco pessoas sabem disso.' Mas não poderia viver com aquela omissão. O fato de fazer algo errado e não contar teria sido uma lição muito pior para nossos garotos. Eu nunca mais poderia olhar nos olhos deles."

Os treinadores haviam passado toda a temporada preocupando-se em dar carona ao garoto, ajudá-lo com os deveres, acompanhar suas notas e fazer com que ele se sentisse bem. Mas ninguém havia perguntado se ele podia participar do time.

A escola denunciou seu próprio erro ao estado. Depois, o treinador Coombs convocou todos os jogadores de futebol americano para uma reunião no auditório. Todos menos um. Outro funcionário acompanhou o garoto que não poderia jogar até em casa, para lhe dar a notícia em particular.

O time soube que o assunto era grave no momento em que o treinador os reuniu para uma prece. Quando ele deu a notícia, todos no time choraram. Depois, ele levou os garotos para o campo, para sua última partida da temporada. Eles ficaram com suas roupas de escola, cercados por arquibancadas vazias, e jogaram.

Kerry Coombs agiu como um grande treinador. Transformou aquele problema em um aprendizado.

"Ninguém morreu, ninguém se machucou. A vida vai continuar", disse ele aos garotos. "Vocês vão se deparar com tragédias e decepções desse tipo outras vezes na vida. O que faz um verdadeiro homem é conseguir se reerguer depois de uma queda."

À medida que a notícia se espalhava pela comunidade, a TV, o rádio e o jornal apontavam o jovem jogador como culpado. Alguém descobriu que ele não havia pagado um ressarcimento referente a uma queixa de roubo. O rapaz era pobre, não tinha como pagar. Um mandado de prisão foi emitido. O treinador acompanhou o rapaz até a delegacia. Os dois estavam arrasados.

Uma coisa era ver uma temporada de futebol americano terminar prematuramente, outra era ver a vida de um jovem desmoronar. "Ele já havia superado tantos obstáculos", disse o treinador. "As pessoas se esquecem de que ele é um garoto. Pode ter 18 anos, mas é apenas um garoto."

Então pessoas de todo o estado começaram a enviar comida, mensagens e flores para a escola. Até funcionários de outras escolas ligaram para dar apoio. As pessoas queriam doar dinheiro para ajudar o garoto a pagar sua dívida.

O treinador recusou as doações. Comportou-se como um educador até o final, pedindo-lhes o seguinte: "Ofereçam a ele um emprego."

O treinador Coombs transformou aquele momento em uma temporada vitoriosa da qual todos se lembrariam por muito tempo depois de terem se formado. Ele sabia que dali a cinco anos, quando todos estivessem na faculdade, ter sido desclassificado para um campeonato estadual não seria nenhuma catástrofe. Seria uma lição sobre honestidade e integridade, muito mais importante para a vida daqueles rapazes do que qualquer vitória em campo.

Lição 27

Escolha a vida.

Descobri o segredo da vida no ensino médio, quando a professora de inglês nos mandou ler *Walden*, de Henry David Thoreau.

O livro relata a experiência do autor nos dois anos e dois meses em que viveu sozinho em um bosque. Thoreau construiu uma pequena casa às margens do lago Walden, em Concord, Massachusetts, e lá se refugiou do mundo. O trecho do livro que mais me tocou na época da escola ainda me comove:

> *Fui para o bosque porque queria viver deliberadamente, enfrentar apenas os fatos essenciais da vida e tentar aprender o que ela tem a me ensinar, em vez de, no momento da morte, descobrir que não vivi. Eu não queria viver o que não fosse a vida, a vida sendo tão maravilhosa.*

A vida é maravilhosa.

O segredo é optar por ela.

Quatro anos após ler como Thoreau encurralou a vida, a vida me encurralou. Eu era uma estudante universitária de 21 anos diante de seu maior medo. Meu ciclo estava quatro meses atrasado e minha barriga começava a crescer.

Eu não queria estar grávida. Rezei para que não estivesse. Depois simplesmente decidi que não estava. Mas a negação só funciona até certo ponto e por um determinado tempo. Na verdade, não adianta de nada quando se tem um bebê crescendo no ventre.

Na época, não havia testes de farmácia. Não se podia simplesmente fazer xixi em um bastão e descobrir no refúgio de um banheiro se você estava grávida ou não. Era preciso ir a um médico, colher o xixi em um potinho e esperar uma semana pelo resultado.

Levei minha amostra de urina a uma entidade em Kent, Ohio, especializada em ajudar mães solteiras. As mulheres da Birthright não eram hostis nem militantes ensandecidas que chamavam de assassina quem abortava. Elas simplesmente queriam ajudar. Seu trabalho era informar às mulheres que havia outras opções viáveis, que elas também poderiam ficar com o bebê ou entregá-lo para a adoção.

No dia em que o resultado ficaria pronto, parei em uma cabine telefônica e liguei para a agência. Eles não informavam resultados pelo telefone. "Procedimento padrão", disseram. Atravessei o *campus* e fui para a pequena área comercial no centro onde a entidade ficava. Meus pés pareciam não tocar o chão, como se eu já soubesse das mudanças que estavam para acontecer.

A mulher atrás da escrivaninha pareceu muito feliz com a notícia. Embora eu já devesse estar preparada, suas palavras foram como um tapa na cara. "Você está grávida."

Eu? Eu, que só tinha 21 anos? Eu, que estava com medo, perdida e sozinha? Eu, que havia rompido com o pai do bebê meses antes? Eu, que não tinha a menor ideia do que estava fazendo da vida?

No entanto, vinda lá do fundo, uma sensação de paz começou a tomar conta de mim. Vida. Havia uma vida crescendo. Dentro de mim.

Eu disse sim à vida naquele dia e em todos os que vieram a partir dali.

Na época, havia duas maneiras de encarar a questão: fracasso retumbante ou oportunidade maravilhosa. Acabei abandonando a faculdade e larguei meu emprego como técnica em emergências médicas porque não podia pegar peso. Eu morava com meus pais e me sentia um grande fracasso.

Mas, lá no fundo, em um mundo particular que não compartilhava com ninguém, estava feliz por me tornar mãe. Eu tinha de manter isso em segredo, porque o mundo exige que você fique envergonhada.

Aquela criança, aquela filha, aquele bebê do qual tentei me livrar rezando, foi o maior presente da minha vida. Pensando em todos os meus 53 anos, foi a melhor mudança de rumo que a vida me proporcionou.

Escolha a vida.

Para mim, essa é a melhor maneira de encarar cada dia, cada escolha. Quando preciso decidir algo, eu me pergunto: "Qual é a opção que mais valoriza a vida?" E, depois, a escolho.

Quando descobri que estava com câncer, todas as opções de tratamento me pareceram ruins: cirurgia, químio, radioterapia. Infelizmente, precisei ficar com todas.

Eu já havia visto muitas pessoas debilitadas pelo câncer. No trabalho como técnica em emergências médicas, buscava em casa as pessoas que estavam doentes demais para dirigir até o local das sessões de radioterapia e quimioterapia. Às vezes dava para perceber que não lhes restava muito tempo. Três tias minhas haviam morrido de câncer após anos de luta e dor. Seria aquele o meu destino?

Um dia, pouco antes de começar a quimioterapia que tanto me assustava, fiquei imaginando o que poderia acontecer se eu não fizesse o tratamento. E se eu simplesmente recusasse a quimioterapia e acreditasse que a cirurgia havia eliminado todo o câncer e que as preces iriam me proteger? Hum, até que a ideia me agradava. Mas, lá no fundo, eu sabia que essa não era a escolha pela vida. Estava ciente de que precisava fazer todo o possível para manter vivo o corpo que abrigava meu espírito. Sabia que ainda não era a minha hora.

No final, não consegui calar aquele sussurro, aquela voz constante que é Deus. Ela continuava a murmurar: "Escolha a vida." E foi crescendo, até que não pude ignorá-la.

Então, escolhi a vida. Fiz os tratamentos, todos eles. No início, me senti muito debilitada, mas depois veio a cura. Toda essa experiência transformou a minha vida e a das pessoas ao meu redor, minha filha, meu marido e até estranhos.

Dentre as 10 maiores dádivas de toda a minha vida – aliás, as cinco maiores –, estão duas coisas que eu nunca teria escolhido: ser mãe solteira aos 21 anos, a melhor coisa que já me aconteceu, e enfrentar um câncer aos 41.

Essas duas experiências realmente me transformaram, mudaram meu mundo para sempre.

A vida me levou por um caminho que eu não havia planejado e não queria seguir. Porém, uma vez nele, aprendi que o segredo é apenas escolher a vida.

A vida é maravilhosa.

Lição 28

Perdoe tudo de todos.

Um adesivo azul no meu carro proclama: "Que Deus abençoe a todos, sem exceção."

Confesso que, em muitos dias, pensar dessa forma é um desafio para mim. Eu costumava ter uma enorme lista de exceções. Depois, ela se resumiu a uma única pessoa. Eu não conseguia me desvencilhar daquele ressentimento.

É mais fácil perdoar quem o magoa do que quem magoa as pessoas que você ama. Como perdoar o homem que abandonou sua filha? O pai que parou de participar da vida dela? Que a decepcionou em cada Natal e cada aniversário? Que continuava a fazer promessas que nunca eram cumpridas?

Namorei o pai da minha filha durante alguns meses, na faculdade, depois terminei o relacionamento. Mais tarde, quando descobri que estava grávida, ele sugeriu que nos casássemos. Eu não via motivo. Se não queríamos namorar, certamente não devíamos nos casar.

Quando minha filha completou 5 anos, começou a perguntar pelo pai. Ainda não o conhecia. Olhei seriamente para mim mesma e percebi que não cabia a mim eliminá-lo da vida dela. Depois de semanas de preces e aconselhamentos, liguei para ele e o convidei a entrar na vida dela. Eu precisava fazer a minha parte.

Pedi desculpas por tê-lo excluído e deixei que ele decidisse o que aconteceria a partir dali.

Ele havia se casado. Ele e a esposa queriam filhos, mas ela era estéril. Ele não havia lhe contado sobre Gabrielle. Antes que ele conhecesse nossa filha, eu o preveni: "Se você decidir entrar na vida dela, tem que ser para valer. Você não pode vir vê-la e depois sumir. Precisa ser um compromisso, não quero que venha conhecê-la só por curiosidade. Tem que ser algo que realmente queira fazer. Converse com sua esposa e pense bem a respeito. Tome a decisão que for certa para vocês dois."

Quando conheceu a filha, ele se apaixonou. Começou a vê-la todos os meses e a levá-la para passar o fim de semana com a esposa e ele. Os dois tratavam Gabrielle como uma princesa, até fizeram um quarto para ela na casa deles. O pai ficou na vida de Gabrielle por alguns anos, depois foi sumindo aos poucos. Ela voltava para casa reclamando que ele havia passado o tempo todo ajudando os vizinhos ou as pessoas da igreja e que ela mal o vira.

Depois, ele e a mulher adotaram duas meninas. Com o tempo, as visitas, os telefonemas e as cartas foram desaparecendo. Na adolescência, ela às vezes telefonava aos prantos para o pai, que prometia que iria participar mais da vida dela, mas nunca cumpria.

Fiquei com muita raiva por ele tê-la magoado tantas vezes. O que custava escrever ou telefonar? Minha preocupação era que ela crescesse culpando a si mesma pela ausência do pai, achando que havia algo de errado com ela e não com ele.

Gabrielle foi para a faculdade, se apaixonou e ficou noiva. O rapaz era um engenheiro que gostava de caçar e pescar e parecia um canivete suíço de tão habilidoso que era em consertar qualquer coisa. Eles marcaram a data do casamento. Mas, oito meses antes, Gabrielle quis adiar a cerimônia. Ela havia acabado de se formar e nunca tinha morado sozinha. Precisava de tempo para entrar na vida adulta. No fundo, sabia que eles não eram feitos um para o outro, mas não conseguia verbalizar isso.

No dia em que ela pediu ao noivo que adiassem o casamento, tudo ruiu. Ele deu um ultimato: agora ou nunca. Ou mantinham os planos ou terminavam. Depois de muitas lágrimas, ela devolveu a aliança. Ele foi embora e os dois nunca mais se viram.

Foi a decisão mais difícil que ela já havia tomado. Durante muito tempo, minha filha ficou fragilizada. Então, em um fim de semana, ela participou de um retiro sobre perdão. E voltou transformada.

Muitas vezes já nos disseram para perdoar e esquecer. A maioria das pessoas não consegue fazer a última parte. Mas e se, em vez de esquecer, recontássemos a história? Foi isso que ela aprendeu no retiro. Em vez de contar uma saga em que você é a vítima e a outra pessoa é a vilã, reescreva o roteiro. Em vez de justificar e defender sua dor, livre-se dela de uma vez por todas.

Passamos tempo de mais chorando nossas mágoas. Ganhamos atenção e solidariedade por sermos a parte frágil da história. Assim, vamos em busca de recompensas que não nos fazem avançar. Se estamos querendo que alguém seja o vilão, é porque devemos estar adorando ser a vítima. Precisamos nos livrar desses dois personagens.

Minha filha ficou carregando consigo uma história que a magoava: a do pai que a abandonara várias vezes. O noivo era um ótimo sujeito, que ela magoou e abandonou. E se ela visse tudo por outro ângulo?

Ela começou a contar para si mesma uma nova história. O pai havia feito tudo o que podia. Por algum motivo, não tinha conseguido oferecer mais do que lhe dera. Não tinha nada a ver com Gabrielle. Ela não podia continuar levando aquilo para o lado pessoal. Não podia mudar quem ele era. Talvez ele também não pudesse.

Nem ela nem o noivo precisavam fazer o papel da vítima. A relação deles era a história de duas pessoas que haviam se amado, sido felizes juntas e, depois, seguido caminhos diferentes. Com o tempo, ele encontrou outra moça e se casou. E ela encontrou James, um presente maravilhoso para todos nós.

A história a levou do pesar ao perdão e à liberdade. Perdoar é abrir mão de querer um passado melhor. Só quando você se liberta do que queria que seu passado tivesse sido, pode começar a mudar o presente e a criar um futuro mais feliz.

Foi o que tentei fazer. A história que eu sempre contava retratava minha filha e eu como vítimas. Eu era a pobre mãe solteira batalhadora. O pai dela era o vilão que havia nos abandonado. Então decidi contar uma história diferente, não de ausência, mas de presença.

Vasculhei caixas no sótão e encontrei todas as fotos do pai dela da época da faculdade. Comprei um pequeno álbum e me sentei com minhas lembranças. Colei em cada página uma foto dele e escrevi ao lado todas as boas qualidades que tinha.

Depois, fiz outro álbum, com todos que tinham desempenhado o papel de pai na vida de minha filha. Meu pai, meus cinco irmãos, meus amigos que lhe ensinaram a andar de bicicleta, a arremessar uma bola de futebol americano, a usar um taco de beisebol. Na capa, colei a certidão de nascimento de Gabrielle. Embaixo, escrevi uma nova história, uma que era a mais pura verdade. Escrevi que o motivo de o campo "pai" haver ficado em branco era o fato de minha filha ter vários pais. Não haveria espaço para colocar os nomes de todos eles ali.

Dizem que o perdão é um processo. É verdade, mas tudo começa com uma decisão. Quando você decide mudar sua história, consegue seu final feliz.

Quando minha filha atravessou o corredor da igreja até o altar, os homens que me ajudaram a criá-la, todos aqueles pais substitutos que preencheram as lacunas, estavam lá para cercá-la de amor.

Lição 29

Não dê ouvidos ao que disserem sobre você.

Trabalhando como colunista de jornal, já fui chamada de quase tudo.

Cretina. Idiota. Babaca. Vadia. Vadia imprestável. Vadia defensora de negros. Vadia defensora de judeus. Já fui chamada de tudo isso em um único dia.

Os leitores me insultam constantemente por meio de ligações ou e-mails anônimos.

"Você é totalmente parcial." (Escrevo uma coluna de opiniões.)

"Você é uma liberal imunda."

"Não suporto você e nunca li sua coluna." (De uma leitora que citou todos os parágrafos que havia detestado.)

"Você parece um gremlin." (O alienígena do filme ou o carro?)

"Você é doente."

"Você é um insulto a Deus."

"Você é uma vergonha."

"Você é ingênua demais."

"Você é estúpida, ignorante e arrogante."

Meus dois insultos favoritos: "Meu QI diminui toda vez que leio sua coluna" e "Não sei em que você é formada, mas deve ser em algo que tenha a ver com estupidez."

Em 1994, meu editor no *Beacon Journal* me chamou um dia à sua sala e tentou me dissuadir da ideia de ser colunista enquanto ainda não havia começado. Ele me advertiu que talvez aquele não fosse o emprego dos sonhos que eu imaginava.

"Os leitores serão maldosos e cruéis", ele me avisou. "Vão atacá-la de todas as formas possíveis."

Ele não tinha certeza se eu era durona o suficiente para aguentar aquilo. Eu tinha certeza de que não era, mas queria o cargo de qualquer maneira. Eu simplesmente me prepararia e ignoraria os comentários desagradáveis.

Em minha breve experiência no tratamento de alcoólatras, assisti a um filme do padre Martin chamado *Chalk Talk*. Nele, o padre contava histórias para inspirar pessoas em recuperação. Uma delas era sobre uma mulher que o havia procurado aos prantos depois que o marido embriagado a chamara de prostituta.

– Você ficaria chateada se ele a chamasse de cadeira? – perguntou o padre.

– Claro que não – respondeu a mulher.

– Por que não?

– Sei que não sou uma cadeira.

– E também sabe que não é uma prostituta.

Não importa o que as pessoas digam a seu respeito, é você quem decide se aquilo é verdade ou não. Eu iria simplesmente pensar em quem eu era de fato, no modo como me via.

Foi mais difícil do que eu imaginava. Aqueles telefonemas magoavam.

Minha coluna era publicada três vezes por semana. No fim do texto vinha meu e-mail e meu telefone no jornal. Algumas pessoas consideravam aquilo um convite para despejar em cima de mim toda a raiva que sentiam dos chefes, das ex-mulheres ou dos falecidos pais. Os piores telefonemas aconteciam às 2h da madrugada – depois que os bares fechavam.

Além dos leitores, é preciso enfrentar também o ritual anual dos prêmios de jornalismo. Todo ano, os editores enviam trabalhos de sua equipe para concursos. Você tenta não dar importância a isso, mas ninguém do meio fala em outra coisa. As redações estão cheias de pessoas egocêntricas com complexos de inferioridade. Elas acham que só existem duas opções: ser maravilhoso ou ser um zero à esquerda.

É fácil ser atropelado pelas opiniões de editores, colegas de trabalho, fontes, leitores, juízes de concursos e pelas próprias dúvidas e inseguranças. Todo escritor tem um ego frágil – enorme, mas frágil. Queremos estar na primeira página todos os dias, porém, ao mesmo tempo, morremos de medo de não sermos bons no que fazemos.

Descobri o segredo para me livrar de vez de fofocas, julgamentos, críticas, dúvidas e opiniões dos outros.

Humildade.

Não humilhação. Isto não faz bem a ninguém.

Eu não sabia a diferença entre essas duas palavras até ver a definição de humildade que um dos fundadores do Alcoólicos Anônimos mantinha sobre sua mesa. Os 12 passos do AA são criados para guiar as pessoas a serem humildes e servirem ao próximo.

O Dr. Bob mantinha à sua frente as seguintes palavras de um autor anônimo:

A humildade é a eterna quietude do coração.

É não se deixar aborrecer.

É nunca ficar irritado ou atormentado, nunca se irar nem magoar. É não ficar perplexo com nada que me aconteça, não sentir nada que seja feito contra mim.

É permanecer em paz quando ninguém me elogiar e, quando me desprezarem ou me culparem injustamente, ter um lar de bênçãos dentro de mim onde possa me refugiar, fechar a porta, me ajoelhar em segredo perante meu Pai e ficar em paz.

Eterna quietude do coração. É isso o que realmente quero, acima de qualquer coisa que possa achar que queira. Permanecer em paz quando ninguém me elogia. Essa é a verdadeira liberdade.

A vida não é uma apresentação, um concurso de popularidade ou uma disputa por mais poder, dinheiro, fama, brinquedos, glória, roupas, elogios, prêmios, títulos ou diplomas. No final, que importância essas coisas teriam? George Strait canta uma música que diz que chegamos aqui sem nada e não podemos levar nada conosco quando formos embora. Carros fúnebres não têm bagageiro. Caixões não têm prateleiras para troféus.

Uma maneira de permanecer focado no que realmente interessa é criar uma declaração pessoal de missão. Não pense em frases chatas e elaboradas demais que você nunca vai pôr em prática, mas em algo que realmente sirva de base para sua vida.

Fiquei refletindo durante horas para criar a minha. Fechei os olhos e imaginei meu funeral e todas as pessoas presentes. Meu marido, nossos filhos, meus irmãos, colegas, amigos, vizinhos. Que mensagem eu queria que minha vida lhes deixasse?

Eu não gostaria que eles ficassem sentados conversando sobre os prêmios que recebi por meus trabalhos, sobre como fui inteligente ao fazer um plano de aposentadoria, nem sobre como todos na cidade me reconheciam nas ruas. Não sei o que vão dizer no meu funeral, mas eis o que espero deixar como legado. Descobri minha declaração de missão, as palavras que leio todas as manhãs, na oração de São Francisco.

Senhor, fazei-me instrumento de vossa paz.
Onde houver ódio, que eu leve o amor.
Onde houver ofensa, que eu leve o perdão.

Onde houver discórdia, que eu leve a união.
Onde houver dúvidas, que eu leve a fé.
Onde houver erro, que eu leve a verdade.
Onde houver desespero, que eu leve a esperança.
Onde houver tristeza, que eu leve a alegria.
Onde houver trevas, que eu leve a luz.

Ó Mestre, fazei que eu procure mais:
consolar que ser consolado;
compreender que ser compreendido;
amar que ser amado.
Pois é dando que se recebe.
É perdoando que se é perdoado.
E é morrendo que se vive para a vida eterna.

Uso essa prece como uma bússola todo os dias. Ela aponta para o Verdadeiro Norte. A verdadeira humildade. A verdadeira paz. Sou simplesmente uma filha de Deus, tão valiosa e preciosa para Ele como qualquer outro filho. Não sou a melhor nem a pior e não importa o que os outros digam de mim.

Lição 30

Dê tempo ao tempo.

Na primeira vez que participei de um retiro, não tinha grandes expectativas.

Fomos para uma propriedade de 23 hectares em Parma, o maior subúrbio de Cleveland. Ela ficava afastada da estrada principal, de modo que você pode passar por ali a vida inteira e nunca saber que ela está lá.

Uma amiga me convidou para um fim de semana com mulheres que estavam em busca de um relacionamento melhor com Deus. Eu não achava que me enquadrasse naquela categoria, mas minha amiga discordava. Para me convencer a ir, ela fez com que o retiro parecesse uma espécie de festa: mulheres compartilhando experiências, rindo e conversando. Coloquei um maiô na mala, imaginando que se tratasse de algo como um hotel ou um SPA, com piscina e sauna.

Quando entramos no longo caminho de acesso, vi uma estátua de Santo Inácio lá no fundo. De repente, a ficha caiu. Espere aí. Por que eu ia passar um fim de semana apenas com mulheres? Eu tinha 25 anos e era mãe solteira. Não tinha qualquer pretensão de virar freira ou santa. Por que eu desperdiçaria uma noite de sexta e outra de sábado num lugar onde os únicos homens eram padres?

Esse retiro aconteceu há 26 anos. Foi o primeiro de muitos. Ainda volto com frequência. E sempre encontro Gerri, uma polonesa baixinha que tem uma risada contagiante e tanto amor que ele continua a preencher cada aposento daquele lugar mesmo depois de ela ter voltado para casa.

Em cada retiro, eu procurava Gerri para desabafar meus problemas. Ela me escutava com um olhar sério, depois, de repente, me interrompia para contar uma piada e aliviar o clima. Em seguida, me encarava e me dava vários conselhos que geralmente terminavam assim: "Às vezes é preciso dar tempo ao tempo."

Eu não entendia. Não tinha tempo. Era uma mãe solteira com uma missão: encontrar um marido para mim e um pai para minha filha.

Na época, todos os meus problemas estavam relacionados a homens que não me amavam suficientemente, o que, no fundo, tinha a ver com um pai que não tinha me amado suficientemente, que no final se traduzia em um Deus que não tinha me amado suficientemente.

Gerri sabia que esse tipo de ferida demora a sarar, vai curando aos poucos, não de uma só vez. O remédio de Gerri era o tempo. Eu queria algo mais eficiente.

A missa de cura talvez fosse a solução. A amiga que havia me levado ao retiro insistiu para que eu fosse. De início, tentei fugir. Imaginei um homem tocando minha cabeça e dizendo dramaticamente "Sinta o calor da minha mão", depois gritando "Saiam, demônios!" enquanto as pessoas caíam no chão, se debatiam como peixes fora d'água e sussurravam palavras que nem Deus seria capaz de decifrar.

Eu não queria ir. Principalmente porque estava com medo de Deus. E das minhas feridas. Eu as mantinha cobertas havia anos. Para que arrancar os curativos? Mas eu gostava da ideia de assistir a uma missa do padre Benno Kornely. Então, enquanto ele tocava canções suaves sobre o amor de Deus, sentei-me na capela. Gastei uma caixa inteira de lenços de papel antes do final da primeira música: "Nunca me esquecerei de vocês, meu povo. Seus nomes estão gravados na palma da minha mão."

Eu? Deus tem meu nome escrito na palma de sua mão? Regina Maria Frances Brett?

As lágrimas lavaram a ferida. Voltei todos os anos, às vezes duas vezes por ano. Cada missa me curava um pouco mais. Demorei 10 anos até conseguir chegar ao fim da cerimônia sem chorar.

As palavras do padre Benno nos guiavam em uma jornada pelas nossas lembranças. Ele nos convidava a deixar vir à tona tudo o que precisava ser curado. Ele nos guiava por nossas vidas, curando os golpes que havíamos levado ou desferido. Rezava para que encontrássemos a cura de tudo o que bloqueava o amor e a felicidade. Ele nos declarava renovados e nos convidava para a imposição das mãos. Não era mágica, mas bênçãos.

Nós nos aproximávamos levando o que precisava ser curado em nossos corações. A minha ferida era quase sempre a mesma: aquela causada por meu pai. Ele era a figura masculina mais representativa em minha vida, para o bem ou para o mal. Era a pessoa mais generosa, abnegada e atenciosa que eu conhecia. Também era o homem furioso que brandia o cinto que eu tanto temia.

Foram necessários anos de terapia para chegar ao fundo do sofrimento. Depois, veio o trabalho espiritual. Eu não sabia como curar nosso relacionamento, como voltar a me relacionar com meu pai. Alternava entre o medo e a raiva. O amor não encontrava espaço para entrar. Mesmo depois que me livrei da raiva, não conseguia sentir amor. Eu não estava pronta para pedir ajuda para amá-lo, mas rezava constantemente: "Deus, ajude meu pai a saber quanto o Senhor o ama."

Racionalmente, eu sabia que amava meu pai. Eu o magoara, ele me magoara. Não tinha sido a intenção de nenhum dos dois. Ambos havíamos feito o melhor possível, mas, às vezes, nosso melhor não é assim tão bom.

Durante os cinco anos em que não compareci às festas de Natal, Páscoa, aniversários e aos nascimentos de novos sobrinhos e sobrinhas, eu quis voltar para casa, quis fazer parte da vida dos meus pais novamente, mas não sabia como.

Então, um dia, soube que meu pai havia recebido o diagnóstico de câncer de pulmão. Os médicos disseram que ele tinha seis meses de vida. Dois dias depois, encontrei minha amiga Ruth. Sem saber da minha situação, ela começou a falar da mãe, de como Deus havia lhe proporcionado o privilégio de estar com a mãe na hora da morte. De repente, todo o meu medo desapareceu. Foi como se abrissem uma janela que sempre houvesse ficado trancada. Soube que era hora de procurar meus pais.

No dia seguinte, peguei o carro e fui visitar meu pai. O cabelo dele estava branco e macio. Ele sorriu e conversou, depois se sentiu cansado demais para falar. Parecia absolutamente alegre naquele dia, em pé sob o umbral acenando para mim. Nunca vou me esquecer daquele aceno. Foi o último que vi.

Três dias depois, ele foi para o hospital, lutando para conseguir respirar. Sentei-me ao seu lado enquanto ele tossia e pigarreava. Meu pai nunca fumou, mas havia trabalhado consertando caldeiras em porões com canos de amianto.

Minha mãe ficou sentada em silêncio, imóvel, balançando a cabeça. Nós duas sabíamos que ele não voltaria para casa. Segurei a mão dele, acariciei-a e, sem palavras, disse quanto o amava. Naquele quarto de hospital, meu coração se encheu de amor enquanto me lembrava de todas as vezes em que tínhamos ficado doentes e ele havia nos dado carinho e atenção.

No dia seguinte, ele perdeu a consciência. Era uma questão de dias. Acendi uma vela no meu quarto e pedi a Deus que o curasse ou que o levasse embora de uma maneira rápida e suave. Meu pai não gostaria de ficar internado por meses. Ele estava com 83 anos. Tivera uma vida boa. À medida que a vela queimava, imaginei minhas três tias já falecidas, irmãs dele, levando-o como anjos.

Ele morreu enquanto a vela ainda estava acesa. No dia seguinte, fui até a casa da minha mãe. Parei e comprei comida, como meu pai havia nos ensinado. Minha mãe encontrou suas palavras para perdoar minha ausência da vida deles: "Você poderia escrever o obituário do seu pai?", pediu.

Então tive a chance de dizer ao mundo o grande homem que meu pai havia sido. Durante anos, eu havia focado na dor, tornando-a maior. Naquele momento, pude focar e ampliar as dádivas, que haviam sido muitas.

Gerri estava certa. Quando chegou, a cura foi por inteiro e fez com que eu me sentisse completa.

O tempo precisava de tempo.

Lição 31

Por melhores ou piores que sejam, as situações mudam.

Minha amiga Mena costuma dizer: "A vida é dura, use capacete."

Há dias em que a gente acha que precisa de um capacete para sobreviver às reviravoltas, aos trancos e freadas bruscas, aos altos e baixos.

O segredo é não se apegar demais a nada, seja bom ou ruim. Os bons momentos chegam e se vão. Os ruins também. Nossa tarefa é não nos agarrarmos a uns nem lutarmos contra os outros, mas deixar que eles nos ensinem algo e nos faça crescer.

Há uma frase bastante conhecida que as pessoas usam nos maus momentos: "Isso também vai passar." Mas nunca a ouvimos nos bons momentos, porque ninguém quer que eles passem. Porém, mais cedo ou mais tarde, tudo muda.

O segredo é levar a vida como se estivesse em um bote dentro de um rio. Deixe que ela o leve por corredeiras e águas calmas. Vá flutuando, sem se segurar em nada, confiando no fluxo do rio.

Na primeira vez que desci uma corredeira, o guia nos explicou antes os perigos do rio. Se você cair do bote, não tente ficar de pé ou se agarrar em uma rocha. Não tente lutar contra o rio, porque ele vencerá. Se cair na água, relaxe, vire os pés na direção da correnteza, apoie a cabeça contra o peito e se deixe levar. Você sempre será guiado para águas calmas. O guia deu um remo para cada pessoa e disse para prestarmos atenção no percurso que ele faria à nossa frente, no caiaque. Então nos disse para lembrarmos que realmente havia risco de vida, para tomarmos cuidado e nos divertirmos.

As orientações dele pareceram claras e reconfortantes na segurança do gramado – pelo menos até que ele falasse em morte, mas aquilo parecia brincadeira. Só percebemos que ele falara sério quando já estávamos dentro do rio, ouvindo o barulho da correnteza forte e sem possibilidade de desistir.

Eu não fazia ideia do que esperar. O rio tinha corredeiras de nível III e IV, o que significava uma descida por entre pedras, escarpas e redemoinhos. Sentei-me na ponta do enorme bote preto, sem ter onde me segurar. Junto com os outros três tripulantes, remamos constantemente na direção das quedas, mas, uma vez no meio das corredeiras, parecia que estávamos dentro de uma máquina de lavar.

O rio nos jogava para cima e para baixo, para a esquerda e para a direita, nos puxava para debaixo d'água e nos atirava em direção ao céu. Eu tentava remar, mas estava girando tão rápido que não sabia ao certo se meu remo estava na água ou no ar. Era uma sensação louca e assustadoramente contagiante. Até eu cair.

Meu primeiro instinto foi tentar ficar em pé ou me agarrar a uma pedra. Bum! Pleft! Ai! Ah, sim, o que o guia tinha dito mesmo sobre relaxar? Fiz uma breve tentativa de esticar os pés e apoiar a cabeça no peito, mas mal conseguia sentir meus pés no meio daquela água fria e agitada.

O remo foi embora na correnteza. O colete salva-vidas era grande demais e subia até bater nas minhas orelhas. Eu tinha de usar as mãos para mantê-lo no lugar. Minhas lentes de contato flutuavam nos olhos e eu não conseguia enxergar um palmo à minha frente. Tudo o que eu conseguia ver era água à minha volta e em mim. Tentava respirar, mas só engolia água. Já não conseguia mais prender a respiração. Então pensei: "Deus, se você quiser que eu viva, faça algo rápido. Estou em Suas mãos." Foi quando senti alguém me tirar do rio. Outro bote havia se aproximado e seus ocupantes me puxaram pelo colete. Quando chegamos a águas calmas, eu estava a salvo e pronta para outra.

Da última vez que desci o rio, fui com um grupo de pessoas ousadas demais ou pão-duras demais para contratar um guia. Alugamos um bote e entramos na água.

Foi um grande erro.

Simplesmente alugamos coletes salva-vidas e fomos tentar dominar o rio. Descemos intrepidamente, apontando para pedras e quedas-d'água, quase desafiando-as a nos machucarem. Levávamos comida e uma corda, mas não havia ninguém para nos dizer por onde deveríamos nos aproximar de cada queda-d'água nem quais rochas evitar, então, passamos por uma série de corredeiras e caímos em cima de uma pedra. Uma pedra do tamanho de um carro.

Ficamos empacados ali, sem conseguir deslocar o bote nem um centímetro sequer e cercados por corredeiras. Quando tentamos jogar nosso peso para um lado para tentar sair de cima da pedra, o bote virou. As águas caudalosas me jogaram contra a pedra. Batiam com tanta força no meu peito que eu mal conseguia respirar. Então, de alguma forma, os outros conseguiram me puxar de volta para a pedra. A essa altura, o bote havia sumido.

E agora?

Dois guias chegaram em caiaques. Disseram-nos para pular no rio e deixar que a correnteza nos levasse. Achei que estivessem brincando, mas não havia outra opção.

Um por um, meus amigos se despediram, pularam na água e saíram boiando. Fiquei por último. Do caiaque, o guia continuava a me dizer para pular no rio. Eu não queria abrir mão da segurança da pedra, mas o rio não ia parar por minha causa. Só quando o rapaz prometeu me seguir com o caiaque, eu tomei coragem. Fiz uma prece, saí da pedra e segui boiando até águas calmas. Nunca me esqueci daquele dia, de como às vezes você precisa abrir mão da segurança se quiser chegar a um lugar melhor.

Li uma vez uma entrevista com o pastor Rick Warren, que escreveu *Uma vida com propósitos*. Suas palavras me fizeram lembrar daquele rio.

> *A vida é uma série de problemas. Você está com um problema agora, acabou de resolver um ou está se preparando para enfrentar outro. Isso acontece porque Deus está mais interessado no seu caráter do que no seu conforto. Deus está mais interessado em tornar sua vida sagrada do que em torná-la feliz.*

O pastor Warren falou da lição que aprendeu durante o período mais gratificante e mais difícil de sua vida. No mesmo ano em que o livro dele foi lido por milhões de pessoas, a esposa recebeu um diagnóstico de câncer.

> *Eu costumava pensar que a vida eram picos e vales – você passa por um período de trevas, depois, atinge o ápice, sucessivamente. Não acredito mais nisso. Acho que a vida não são picos e vales, mas a sequência de trilhos de uma ferrovia. As coisas boas e ruins acontecem ao mesmo tempo, o tempo todo. Por melhor que esteja a sua vida, sempre há algo que precisa ser trabalhado. E, por pior que a situação esteja, sempre há alguma coisa boa pela qual você pode agradecer a Deus.*

Uma mulher que pilota na categoria Nascar uma vez disse: "A vida é como uma pista de corrida. São as curvas que fazem o percurso valer a pena." Para ela, é fácil dizer isso. Ela usa capacete no trabalho.

Qualquer que seja a analogia que você escolha, lembre-se de que a vida é uma jornada sem controle, mas maravilhosa. O caos surgirá, depois haverá calmaria. Em seguida começará tudo de novo. O segredo é saborear a viagem.

Toda ela.

Lição 32

Tenha amigos.

Quando você chega aos 40 anos, algo faz com que as pessoas queiram parabenizá-lo mandando cartões que falam de rugas, seios caídos e barrigas protuberantes. Como se o aniversariante estivesse no começo do fim, a meio caminho da morte.

Assim, no 40º aniversário do amor da minha vida, eu não fazia ideia do que dar a ele. Bruce estava se comportando como uma pessoa de 60 anos, questionando o valor da sua vida, examinando o que havia conquistado, avaliando a si mesmo como pai, homem de negócios e cidadão.

Para mim, a quantidade de amigos que ele tinha parecia uma medida muito mais adequada de suas realizações. Eu ficava pensando no personagem George Bailey, de *A felicidade não se compra*. George Bailey, que nunca havia se considerado um sucesso, teve a oportunidade de ver como o mundo teria sido sem ele. A moral da história era que quem tem amigos nunca é um fracasso.

Eu queria que Bruce refletisse sobre os amigos que tinha, não sobre as coisas que não tinha alcançado ou os efeitos do tempo em seu corpo. Então, pedi que 40 pessoas escrevessem uma carta falando de como ele havia tocado suas vidas. Como ele as havia modificado, ajudado, emocionado.

As cartas seriam enviadas a mim, para que eu as reunisse num presente. De início, o projeto pareceu fácil: era só eu ligar para 40 pessoas e cada uma delas escrever uma carta. Mas, como dizem: "Escrever é fácil. É só sentar e abrir uma veia."

Todas as pessoas para quem liguei sofreram para escrever. Alguns chegaram a telefonar para outros e perguntar "O que você vai escrever?", como se pudessem pegar algo emprestado. Era uma tarefa delicada, que podia expor tanto o autor quanto o destinatário. Alguns optaram por brincar com o fato de Bruce estar fazendo 40 anos, outros usaram humor para expressar quanto o amavam. A maioria acabou escrevendo coisas profundas, que não teriam coragem de dizer pessoalmente.

Conforme o aniversário ia se aproximando, as cartas iam chegando. Duas vieram por Fedex, algumas por fax e uma por e-mail. Um homem me ditou sua carta por telefone. Disse que não saberia como expressar os sentimentos por escrito e preferia deixar a tarefa em minhas mãos.

Encapei uma caixa com páginas de uma revista *Life* de 1954 e coloquei as cartas dentro. No aniversário de Bruce, fomos jantar fora, assistimos a um filme e encontramos alguns amigos para a sobremesa. Quase no fim do dia, quando Bruce disse que se sentia aliviado por tudo ter corrido bem, entreguei a caixa a ele.

Ele remexeu os papéis, parecendo confuso. Expliquei do que se tratava. Ele ficou deslumbrado. Olhou para os endereços dos remetentes nos envelopes, mas não abriu nenhuma carta imediatamente. Quando as abriu, a felicidade tomou conta dele. Ele riu tanto que lágrimas começaram a brotar em seus olhos. Ficou tão comovido que, no final, caiu em prantos.

Foi como se 40 pessoas doassem seus corações para renovar o de meu marido. Elas abriram passagens que estavam obstruídas ou que haviam se estreitado com o tempo. Fizeram vir à tona o passado, a época dos pôsteres psicodélicos, dos cabelos longos, das caronas, dos shows de rock dos quais ninguém lembrava porque estavam todos chapados demais. Agradeceram pelos telefonemas no meio da noite, pelo apoio para conseguirem um emprego, pelas longas conversas sobre como superar um divórcio. A mãe de um dos amigos mais íntimos de Bruce escreveu um lindo poema. Uma mulher criou um cartão. Um homem escreveu uma partitura.

Bruce planeja um dia entregar essas cartas aos filhos, para que eles saibam como foi sua vida. Para que vejam que foi mais do que o dinheiro que ele ganhou, as empresas que teve ou a mulher que amou. Sua vida foram as amizades que ele fez e manteve.

"A maioria das pessoas nunca chega a saber o que os outros sentem por elas", disse Bruce naquele dia, enxugando as lágrimas. "Geralmente, essas coisas são ditas no seu funeral."

É por isso que conto a história daquele presente. Muitas vezes, só ouvimos o que significamos para os outros quando já é tarde demais. Muitas vezes, só sabemos o que fazer pelos outros quando já é tarde demais.

Quando soube que estava com câncer, fiquei preocupada em ter de faltar ao trabalho, em perder jogos de vôlei, em não cumprir os compromissos da minha agenda. A enfermeira que estava se esforçando para marcar minha primeira sessão de quimioterapia balançou a cabeça e disse: "Você precisa rever suas prioridades."

Ela estava certa.

O trabalho recuou um passo, mas não foi o câncer que se tornou minha prioridade. Foram meus amigos. Eles assumiram o primeiro lugar da lista.

Sheryl organizou uma reunião e convidou todos os meus amigos. Eles me levaram brincos, echarpes e muitos chapéus. Beth pegou um brinco minúsculo em formato de gaita e conseguiu tirar algumas notas musicais. Judy lavou meus cabelos.

Alguns amigos levaram filmes, chinelos e pijamas de presente. Outros mandaram cartões, guloseimas e livros de inspiração.

O jornal em que trabalho continuou a ser publicado mesmo nos dias em que eu estava doente demais para escrever. O planeta continuava a girar sem mim, mas quem mantinha a rotação do meu próprio mundo eram meus amigos.

Minha amiga Marty sempre diz que quem tem saúde e amigos tem tudo. O câncer me ensinou que quem mantém os amigos no topo da lista de prioridades continua tendo tudo, mesmo se perder a saúde.

Lição 33

Acredite em milagres.

O médico tentou dar a notícia com o maior tato possível: "Lembra quando você era criança e queria um pônei? Você rezava e ficava esperando por ele, mas não ganhava um. Bem, esta é uma situação semelhante. Às vezes a gente não ganha o pônei."

O médico estava tentando dizer aos pais de Chris Wood que, apesar de suas preces, não havia esperança.

Chris tinha 21 anos e, em junho de 1989, estava lotado em San Diego, servindo na Marinha. O rapaz passara a tarde bebendo com os amigos durante um jogo e, na volta, caíra da picape quando o motorista mudou de pista bruscamente.

Assim que bateu no asfalto, um carro o atropelou, jogando-o em outra pista, onde outro veículo o atingiu. Por sorte, uma ambulância vinha logo atrás. Chris fraturou a pélvis, o maxilar, o ombro e o joelho. Sofreu lesões na cabeça e ficou com marcas de pneus nas costas.

Nos três meses seguintes, todas as notícias que chegaram dos médicos foram ruins. "Ele não vai sobreviver." "Ficará como um vegetal." "Não voltará a andar." "Nunca terá uma vida produtiva."

A família iniciou uma corrente de orações. Uma noite, a irmã de Chris acordou de repente, dizendo que Deus havia lhe sussurrado as seguintes palavras: "Ele vai viver e proclamar a misericórdia de Deus."

A partir de então, aquele se tornou o mantra da família.

Chris foi submetido a 32 cirurgias, ficou três meses em coma e passou por anos de tratamento e reabilitação. Aos 29 anos, ele tem os mesmos olhos azuis brilhantes e os cabelos claros de sempre, mas todo o resto mudou.

Sua fala é arrastada, como se ele tivesse bebido. O respirador danificou suas cordas vocais e as lesões na cabeça reduziram sua velocidade de raciocínio. O rosto ficou torto porque o maxilar se calcificou na posição errada. Uma cicatriz roxa atravessa seu braço direito, que pende imóvel ao lado do corpo. O rapaz precisa se concentrar para conseguir mexer a mão.

Chris é uma loja de ferragens ambulante. Tem um parafuso no ombro, uma braçadeira na perna, uma dobradiça no joelho e uma placa na cabeça. Seu cérebro já não funciona como antes. O rapaz costumava se destacar em matemática, mas agora tem dificuldades em aplicar conceitos básicos. Quando se matriculou na Universidade Estadual de Kent, seis anos atrás, tirou notas baixas em todas as disciplinas. Um dos funcionários da clínica onde ele faz reabilitação o aconselhou a abandonar os estudos.

"Eu parei e pensei", ele me contou. "Meu lado racional dizia: 'Você está jogando seu tempo fora.'"

Mas, em vez de dar ouvidos à própria razão, ele foi ler seu trecho preferido da Bíblia, Provérbios 23:7: "Porque, como imaginou no seu coração, assim é ele."

"Significa que as pessoas são o que acreditam ser. Você pode se considerar um fracassado ou um vencedor. O que quer que pense, é o que você será", disse ele.

Chris atribui suas vitórias à mãe. Linda o ensinou a usar a Bíblia como guia. O rapaz agora trabalha em três lugares: é interno no hospital Edwin Shaw, onde cuida de pacientes que sofreram lesões na cabeça, é o responsável pelo site de uma igreja e bilheteiro de um time de beisebol.

Foram necessários seis anos de fisioterapia para que ele trocasse a cadeira de rodas por um andador. Depois precisou de três tentativas para tirar a carteira de motorista, mas conseguiu.

Chris ainda luta para encontrar as palavras certas quando fala. Ele para, aperta os olhos, força a mente – que, aliás, dá conta do recado. No dia de sua formatura, Chris Wood emocionou a todos sem precisar dizer uma palavra. Quando cruzou o tablado da Universidade Estadual de Kent para pegar seu diploma de bacharel em psicologia, foi aplaudido de pé.

Ele não era o aluno mais inteligente.

Nem era o mais talentoso.

Mas estava lá.

Sua mãe não viu aquela cena. Seu coração havia parado no ano anterior. Mas ela viveu o suficiente para saber que o homem que um dia lhe disse que, mesmo orando, não havia esperança, estava enganado.

O pai de Chris enviou um cartão-postal para aquele médico. Dizia apenas: "Ganhamos o pônei."

Lição 34

Deus nos ama pelo que Ele é, não pelo que nós somos.

Para marcar o novo milênio, o Papa trouxe de volta as indulgências, um tipo de anistia para pecadores que era popular na Idade Média. As indulgências são basicamente uma forma de ganhar pontos com Deus antes do juízo final.

Pense nisso como um atalho para a salvação ou como um jeito de reduzir o tempo de sua sentença no purgatório, o lugar para onde, segundo os católicos, as almas vão para se purificarem antes de seguirem para o paraíso. As indulgências, que antigamente eram pagas em dinheiro, haviam sido banidas muito tempo atrás pela Igreja Católica. Naquela época, os pecadores compravam sua saída do purgatório.

As novas indulgências não têm etiqueta de preço, são apenas atos sinceros de sacrifício e penitência. Atos de penitência e sacrifício são gestos nobres quando realizados por amor a Deus ou aos outros, mas me parece um tanto egoísta realizá-los para reduzir sua própria punição. Além do mais, será que é realmente possível negociar sua entrada no paraíso?

Quase todo mundo conhece a história do homem que morre e encontra São Pedro nos portões do paraíso. São Pedro diz que ele precisa de permissão para entrar.

– O que preciso fazer? – pergunta o homem.

– Você precisa de pelo menos 500 pontos para entrar.

– Bem – continua o homem –, fui um marido, um pai e um trabalhador dedicado. Nunca traí minha mulher, meu chefe nem a Receita Federal.

– Hum – São Pedro calcula. – Isso dá 100 pontos.

– Só isso? – exclama o homem. – Vejamos, doei dinheiro para instituições de caridade, distribuí alimentos para pessoas carentes, fui voluntário no Exército da Salvação e sempre tirei uma semana das férias para construir casas para os pobres.

– Tudo bem – diz São Pedro, apertando os botões da calculadora. – Você chegou a mais ou menos 350 pontos.

O homem entra em pânico. Não consegue pensar em nenhum outro grande feito ou sacrifício para cobrir o déficit. Nunca conseguirá entrar no paraíso.

– É só o que tenho – diz ele com ar triste. – Entrego-me à misericórdia de Deus.

– Pode entrar! – São Pedro exclama e abre o portão. – Bem-vindo ao lar.

A história é reconfortante. Em vez de se concentrar na justiça divina ou no nosso sacrifício, o foco é a misericórdia de Deus.

Um místico persa chamado Rabi'a escreveu o que significa amar a Deus: "Ó meu Senhor, se eu Vos venerar por medo do inferno, fazei-me arder em suas labaredas. Se eu Vos venerar por querer alcançar o paraíso, barrai-me em seus portões. Mas se eu Vos venerar apenas por quem sois, concedei que eu veja a beleza da Vossa face."

Anos atrás, fui à abadia de Genesee, em Nova York, para me libertar. Eu tinha um bom relacionamento com Deus, mas sentia que ainda havia um enorme obstáculo no qual eu continuava a tropeçar. Nada do que eu fazia – nenhuma das minhas boas ações, intenções ou sacrifícios – parecia bom o suficiente. E eu nunca me sentia bem o suficiente.

No fundo, eu ainda não me considerava digna do amor de Deus. O que seria preciso para que eu acreditasse do fundo do coração que Deus me amava como eu era?

Fui me confessar com o padre Francis. Ele usava um escapulário preto com capuz sobre a túnica branca, a vestimenta da Ordem dos Trapistas, e me pareceu humilde e santo. Em vez de entregar a ele uma lista de pecados, em vez de recitar quantas vezes eu havia mentido, feito intrigas ou invejado o próximo, fui direto ao ponto: "Por baixo de cada defeito do meu caráter, da inveja, do ressentimento e do medo, está o seguinte: nada do que faço é suficiente", disse a ele.

O padre se sentou e sorriu. Balançou a cabeça, dando a entender que não apenas me compreendia, como estivera esperando a chance de compartilhar sua verdade sagrada mais profunda. Recostei-me e esperei uma grande revelação. Em vez disso, ele começou a me contar a história do filho pródigo: "Era uma vez um homem que tinha dois filhos..."

Fiquei desolada. Eu já conhecia aquela história e o monge estava empolgado como se tivesse acabado de ouvi-la pela primeira vez. Ele a narrou detalhe por detalhe, lentamente. Estava fascinado pelo fato de um filho ter pegado sua herança antecipadamente, desperdiçado-a em vinho, mulheres e festas e, depois, haver decidido voltar rastejando até o pai, pedindo para ser tratado como um servo.

O filho voltou, mas, antes mesmo de ter a oportunidade de se desculpar, o pai saiu correndo para cumprimentá-lo, de tanta felicidade, abraçando-o e beijando-o. Ele protestou, disse que não era mais digno se ser considerado filho daquele homem, mas o pai jogou sua melhor túnica sobre o corpo dele, deu-lhe um anel e sapatos e anunciou a todos que mataria um novilho e daria uma festa.

Sim, eu já tinha ouvido tudo aquilo. O monge adorava o trecho que eu odiava, sobre o filho fiel que nunca saiu do bom caminho. Ele estava trabalhando nos campos quando ouviu a música e as danças. Ficou com raiva por ter sido fiel o tempo todo e nunca ter desobedecido, já que o irmão que havia ido embora era o que estava sendo festejado.

Naquele exato momento, percebi que havia escolhido o padre errado para conversar. Eu não ia obter um conselho que mudaria minha vida, nem algo que redirecionasse meu coração ou que me servisse de guia para a vida.

Não. Tudo o que eu estava conseguindo era uma reprise. Quando chegou ao final da história, o monge sorriu enquanto pronunciava a frase de encerramento. O pai disse ao filho fiel que ele receberia todas as suas posses no devido tempo, mas que todos deviam ficar felizes porque o filho desaparecido havia sido encontrado.

O rosto do monge brilhou. O meu se fechou. Ele estava do lado do filho errado. O que aquilo tinha a ver comigo? O monge repetiu o final. O filho não precisou pedir desculpa. Não precisou se retratar. Só precisou voltar para o pai. Só isso. Foi tudo o que ele precisou fazer. É tudo o que todos nós precisamos fazer.

"Deus nos ama pelo que Ele é", disse o monge. "Não pelo que nós somos."

Primeiro, foi como se eu tivesse levado um tapa na cara. Depois, senti aquela pontada no coração, como se ele tivesse sido perfurado por um flecha. Uma que houvesse saído diretamente do arco de Deus.

Deus não queria minha perfeição. Deus não se importaria se eu me tornasse a melhor escritora do mundo, a mais humilde serviçal ou a alma mais abnegada depois de Madre Teresa. Deus não se importaria se eu fizesse uma grande bobagem ou se deixasse um rastro de confusão por onde passasse, contanto que em algum momento eu me virasse para Ele.

Deus me ama porque amar é da Sua natureza.

Não posso negociar esse amor. Nem vou perdê-lo.
O que faço é suficiente, porque Deus considera assim.
Posso ter certeza de que tudo vai dar certo.
Você também.

Lição 35

O que não mata realmente fortalece.

O câncer e eu nos conhecemos no dia 19 de fevereiro de 1998, quando acordei de uma biópsia. Foi um divisor de águas. Minha vida passou a ter dois estágios: antes e depois do câncer.

Eu não ia deixá-lo me matar. Não se eu pudesse evitar. O primeiro ano passou como um borrão. Quando me recuperei da cirurgia, estava na hora de quatro rodadas de químio. Quando meu cabelo voltou a crescer, vieram seis semanas de radioterapia. Quando recuperei minhas energias, um ano inteiro já havia se passado. Foi então que me dei conta: "Droga, tive câncer."

Enfrentar um câncer, um divórcio, uma doença crônica, um problema financeiro ou a perda de entes queridos pode nos matar ou nos fortalecer. Depois de ter me feito cair de joelhos várias vezes seguidas, o câncer me fortaleceu. Durante aqueles meses de tratamento, passei por horas terríveis de desespero e pensei em desistir.

No final, o câncer me tornou mais resistente. Já não encaro sinusites, gripes ou contraturas musculares como problemas. Não ligo para a dor. Não tenho mais medo. Eu costumava ficar com medo quando escrevia minha coluna. Alguns chamam isso de bloqueio. Para mim, é medo da página em branco. Era massacrada por um turbilhão de dúvidas e inseguranças. Agora, nada de me esconder, nada de andar na ponta dos pés. Falo sem arrependimento, sem medo, sem me conter. Se eu não disser agora o que penso, vou dizer quando?

Minha filha sempre me lembra por que é importante falar a respeito de sobrevivência. É uma obrigação que nós, sobreviventes do câncer, compartilhamos. Todos os dias, alguém recebe esse diagnóstico assustador. A primeira coisa que faz é chorar. Depois, vêm perguntas para as quais talvez não queira respostas: "É curável? É tratável? Vai se espalhar?"

O que realmente se quer saber é o seguinte: "Quanto tempo vou viver?"

Isso ninguém sabe.

Fiz de tudo. Cirurgia. Químio. Radioterapia. E mais cirurgia. Meu outro seio foi removido depois que descobri que tenho uma mutação genética que aumenta em até 87% as probabilidades de desenvolver câncer de mama.

Como é não ter seios?

Passei a prestar atenção em outros ideais de beleza. Audrey Hepburn é minha inspiração, assim como ginastas e bailarinas. Posso dormir de bruços sem me preocupar com os obstáculos entre mim e meus lençóis de linho. Posso andar sem sutiã. Posso usar sutiãs com bojos do tamanho que eu quiser. Posso fazer exercícios, correr e pular corda sem que um sutiã esportivo me oprima. Não preciso me preocupar com flacidez nem com os efeitos da gravidade.

Se eu soubesse como é fácil viver sem seios, a decisão pela mastectomia não teria sido tão difícil – e, com certeza, foi a mais difícil que tomei em toda a minha vida. Uma vez feita a cirurgia, não há mais volta. É impossível renegociar e de nada adianta se entregar à negação. É definitivo. Só você pode tomar essa decisão e só você terá de viver com ela dali em diante. É algo permanente e assustador.

Até que, um dia, tudo muda. E você volta a ser simplesmente a pessoa que é.

No primeiro ano, tive muitas dores. Físicas e emocionais. Uma parte de mim tinha ido embora.

Vivemos em uma cultura obcecada por seios. Parece que toda mulher famosa colocou silicone. Não há como fugir dos decotes. As capas de revistas são festivais de seios. No primeiro ano, eu não conseguia entrar em lojas de lingerie. Não suportava ser bombardeada por imagens de sutiãs que eu não usaria.

Logo depois da cirurgia, enquanto minha pele cicatrizava, não pude usar próteses. Estar reta era estranho. Meu acolchoamento, meu enchimento, meu escudo havia sumido. Eu me sentia exposta e vulnerável. Sentia falta dos meus seios. Vez por outra, na banheira, eu juntava a espuma, puxava-a para perto e tentava me lembrar do aspecto e da sensação de ter seios. Com o tempo, eu esqueci como era – e isso foi bom. Não comparo mais quem eu fui com quem eu sou. Sou simplesmente eu.

Vez por outra, meus seios querem que eu me lembre deles. Às vezes, do nada, parece que eles voltaram. Sinto seu peso. Levo a mão embaixo da blusa só para conferir. Nada.

Uso próteses quase o tempo todo. A cada dois anos, pego uma receita médica para seios postiços. As próteses são de silicone. Balançam e sacodem como seios naturais e são colocadas dentro de sutiãs próprios para quem fez mastectomia.

As mulheres com as quais conversei antes da cirurgia e que usavam seios postiços me disseram para fazer das próteses uma parte de mim mesma. No início, foi difícil. Elas eram quentes, pesadas e falsas. Então, um dia, eu estava descendo uma escada às pressas e senti-as balançar como seios de verdade. Como meus antigos seios. Ficamos amigas naquele dia.

As próteses me deixam curvilínea – para mim mesma, para Bruce e para que o caimento de minhas roupas fique melhor.

Quando não as uso, fico tão reta que as pessoas perguntam se emagreci. Elas são macias e parecem naturais quando abraço alguém. Estão sempre empinadas e não ficam achatadas quando me deito.

Minha feminilidade não sumiu. Sob vários aspectos, sou mais mulher agora do que antes. Cheguei ao âmago de quem eu sou. Estou mais perto do meu coração. Literalmente, já que meu coração não se esconde mais sob o acolchoamento de um seio. Ele está mais próximo do mundo e eu estou mais perto daquilo que me faz ser quem eu sou.

Ser mulher tem muito pouco a ver com um par de glândulas mamárias. O que me torna mulher são meu coração e minha alma. Você não precisa de seios para ser mulher, mãe, esposa, irmã, filha, sobrinha, tia, avó, madrinha, escritora, amiga ou amante. Mas precisa estar viva.

Não choro mais no chuveiro, não me encolho quando Bruce toca meu peito nu, não me preocupo mais com minha aparência. Abri mão dos meus seios para estar aqui. Quando olho para meu peito vazio, vejo a vida. Ele me lembra todo dia que minha escolha foi pela vida e que devo me ocupar de viver.

Antes da cirurgia, li que muitas mulheres optam pela reconstrução dos seios porque não querem ter uma lembrança constante do câncer. Não considero meu peito plano ou meus seios postiços lembretes do câncer.

Meu peito é minha tela em branco, minha página em branco. Posso escrever o que quiser. Cabe a mim decidir quem eu sou, qual é minha aparência, o que significa ser sensual, feminina, bonita, poderosa, bem-sucedida ou feliz.

Não me sinto menos mulher. Sou a Mulher Maravilha.

Nossa tarefa como sobreviventes – de doenças, de divórcios, da dor, do desespero – é prestar nosso testemunho, carregar a tocha da esperança para que todos que atravessam vales de trevas e morte possam ver uma luz. Cabe a nós, que sabemos que há uma bela paisagem depois desse vale, compartilhar a boa-nova. Do ponto de vista de um sobrevivente, todo dia de vida é bom demais.

Se meu câncer está totalmente sob controle? Quem sabe? Só sei que fui despertada e não vou voltar a dormir. Se fosse preciso, faria tudo de novo. Faria o que fosse necessário para garantir mais dias de vida para este corpo. Vale a pena lutar pela vida.

Se estou curada? Todos estes anos depois do câncer indicam que sim, mas encaro as coisas do seguinte modo: consegui um adiamento diário da minha sentença. E não vou desperdiçar nem um instante.

Lição 36

Envelhecer é melhor.

Toda vez que ligo para dar um oi e pergunto ao meu amigo Ed como ele está, a resposta é a mesma: "Estou velho."

Não é uma reclamação, apenas uma constatação. Ele gosta da ideia de envelhecer.

Ed não se sente incomodado por ter mais de 50 anos. O pai dele morreu ainda jovem por causa de problemas cardíacos. Ed e eu encaramos o envelhecimento da mesma maneira: queremos mais. Ele venceu os problemas cardíacos, eu venci o câncer. Não estamos fadados a envelhecer, temos a oportunidade de envelhecer.

Adoro um anúncio que mostra algumas senhoras brincando numa piscina. Todas estão usando chapéus coloridos e sorrindo sob o seguinte título: "Só se é velho uma vez."

Muita gente acha que aos 50 anos você dobra o cabo da Boa Esperança e se torna oficialmente uma antiguidade. Eu, não. Quando fiz 50, quis uma grande comemoração. Tive câncer aos 41 e nunca achei que fosse chegar tão longe depois dele.

Em homenagem a essa idade mágica, aqui estão 50 sugestões do que fazer no seu 50º aniversário:

1. Passe a data dormindo.
2. Pegue uma nota de 50 e compre um presente para você.

3. Leia em voz alta um livro infantil que fale de aniversários.
4. Faça uma lista de 50 lugares nos quais nunca esteve e vá visitá-los antes de completar 60 anos. Não é preciso que sejam países distantes e exóticos. Valem museus, igrejas, estradinhas, lagos e parques locais.
5. Escreva as 50 primeiras linhas do livro que você sempre quis publicar.
6. Plante uma árvore em homenagem à sua juventude.
7. Vá a um cemitério e agradeça por ainda ser visitante.
8. Inscreva-se em um curso por pura diversão.
9. Dirija 50 quilômetros em estradinhas secundárias nas quais você nunca esteve. Não leve um mapa e não verifique o GPS. Deixe que a estrada o guie.
10. Sopre 50 bolhas de sabão da janela do seu quarto.
11. Se alguém perguntar o que você quer de aniversário, diga 50 coisas que sempre quis.
12. Escolha uma atividade de voluntariado e dedique a ela 50 horas este ano.
13. Espalhe 50 moedas pelo mundo para trazer boa sorte a 50 pessoas.
14. Você acha que de agora em diante é só "ladeira abaixo"? Suba uma colina, desça-a correndo e grite: "Eu sei aproveitar a juventude!"
15. Leve um alfinete para a sua festa de aniversário e estoure muitos balões.
16. Comemore as rugas comprando uma caixa de passas e saboreando cada uma delas.
17. Faça um passeio de 50 minutos em um bosque.
18. Planeje férias fictícias de 50 dias. Não deixe que seu bolso limite sua imaginação.
19. Faça uma lista das 50 pessoas que mais marcaram sua vida.

20. Ligue para todas as pessoas que você ama e diga isso a elas.
21. Escreva para si mesmo uma carta com conselhos da pessoa que você será aos 80.
22. Caminhe pelado pela casa por 50 minutos.
23. Mande 50 mensagens de agradecimento (via e-mail ou correio) para todas as pessoas que você ama.
24. Prometa que vai meditar 50 minutos todo dia, 25 minutos de manhã e 25 à noite.
25. Escreva 50 desejos para o futuro – grandes ou pequenos, ousados ou tímidos. Ponha-os em um jarro e só os leia no seu próximo aniversário.
26. Reflita sobre todas as pessoas que você perdeu em 50 anos e sobre tudo o que elas lhe deram.
27. Reflita sobre todas as pessoas que ainda estão em sua vida e sobre as dádivas que elas são.
29. Coma 50 M&Ms.
30. Escolha algo que faça você se sentir jovem e se entregue ainda mais a isso.
31. Mude algo que esteja fazendo você se sentir velho.
32. Passe 50 minutos agradecendo a Deus pelos seus primeiros 50 anos de vida.
33. Alugue o filme *A felicidade não se compra*.
34. Pegue uma nota de 50 e doe-a para uma obra de caridade.
35. Pegue um bebê no colo.
36. Segure a mão de um idoso.
37. Toque 50 minutos da sua ópera, do seu jazz ou da sua música country favorita.
38. Deixe uma gorjeta de 50% para o garçom que serviu seu café da manhã, almoço ou jantar.
39. Cante no chuveiro sua música favorita da infância.
40. Leia 50 páginas do seu livro preferido.

41. Faça uma lista de 50 palavras que descrevam o que você mais ama na vida.
42. Ande de carro pela cidade e buzine 50 vezes no percurso, para que o mundo saiba que é seu aniversário.
43. Fique parado observando as nuvens por 50 minutos.
44. Faça uma lista das primeiras 50 cidades que lhe vierem à cabeça e faça uma estrela ao lado das que você ainda não conhece.
45. Dê bom-dia ao Sol e boa-noite à Lua.
46. Escreva, em 50 palavras ou menos, o que você pretende oferecer ao mundo nos próximos 50 anos.
47. Olhe para o céu até conseguir contar 50 estrelas. Mande um beijo de boa-noite para todas elas.
48. Apague a luz, aumente o som e ouça Louis Armstrong cantando "What a Wonderful World".
49. Apague 50 velas e faça um pedido por quem mais precisa.
50. Vá dormir contando todas as coisas pelas quais você é grato, a começar pelos aniversários.

Lição 37

Seus filhos só têm uma infância. Torne-a inesquecível.

Quando se é mãe solteira, cada encontro amoroso se transforma em uma entrevista de emprego para o cargo de pai e provedor. Eu gastava tempo e energia em excesso me virando do avesso para fazer com que todo homem que eu namorava aceitasse a oferta de dois por um que éramos minha filha e eu. Não funcionava. Eu estava procurando o homem perfeito.

Se... eu encontrasse o pai certo para a minha filha. Se... eu encontrasse o marido ideal para mim. Se... ele aparecesse, poderíamos realmente ser felizes. Enquanto isso, eu negligenciava as necessidades e desejos da minha filha. Ao tentar com tanto empenho encontrar um pai para ela, me esquecia de agir como mãe. Isso ficou claro no dia em que a levei a uma grande festa e a perdi de vista enquanto flertava. A banda anunciou no palco que haviam encontrado uma criança. Na verdade, a mãe dela é que estava perdida.

Quando eu tinha 26 anos e Gabrielle, 4, eu trabalhava em um centro de tratamento de alcoolismo. Conheci uma mulher que atendia adolescentes problemáticos. Ela me disse que a principal mensagem que tentava passar para as mães solteiras era que parassem de se preocupar com carreira, dinheiro e namorado e se concentrassem imediatamente nos filhos. “Seus filhos só têm uma infância”, disse ela.

Se pudesse fazer tudo de novo, ela teria parado de namorar e simplesmente se dedicado de corpo e alma à maternidade. Na época, odiei suas palavras. Elas mexiam com minha culpa por ser mãe solteira. Se eu pudesse achar um pai para minha filha, ficaríamos completos. Seríamos uma família. Gastei tempo de mais sofrendo por causa de cada homem errado que entrava e saía de nossas vidas. Apresentei minha filha a homens de mais, fiz com que eles passassem a noite lá em casa, arrastei-a pelo drama que minha vida havia se tornado.

Não me lembro do nome, do rosto nem do cargo daquela mulher. Lembro-me apenas do que ela disse. Aquelas palavras me queimaram como ferro em brasa e deixaram sua marca em minha vida. Ela abalou meu mundo quando me disse que os pais deveriam pôr os filhos em primeiro lugar. "Você tem a vida toda para namorar, para encontrar uma carreira, para conhecer o homem dos seus sonhos. Seus filhos só têm uma infância. Certifique-se de fazer parte dela."

Ser mãe solteira era um grande fardo de culpa para mim. Eu não tinha dinheiro para levar minha filha à Disneylândia ou a qualquer outro lugar nas férias. Porém, com o tempo, percebi que ela não precisava de viagens de férias para ser feliz, nem de um pai – mesmo que eu quisesse que ela houvesse tido um. Ela precisava de um adulto que cuidasse dela integralmente, 24 horas por dia, sete dias por semana.

Aprendi a estar presente e a tornar cada dia alegre e significativo em vez de tentar construir algum sonho de felicidade para o futuro ignorando as necessidades do presente.

Quando penso em minha infância, deixando de lado os momentos mais difíceis e focando nos significativos e inesquecíveis, vejo que aquilo que ainda carrego dentro do meu coração são as coisas mais singelas.

O Halloween em que meu pai se vestiu sorrateiramente com um lençol e saiu pedindo doces pela vizinhança, até bater à porta de nossa casa. Assim que lhe demos alguns doces, ele tirou a fantasia de fantasma e nos deu um susto. Toda vez que contava essa história, ele não conseguia parar de rir.

Os momentos em que minha mãe ficava na cozinha cantarolando ou ouvindo discos e tentando nos fazer cantar junto. Ou quando puxava um de nós para dançar uma polca com ela na sala.

E o aceno da vovó. Minha avó morava em uma fazenda. Ela usava meias de compressão, um avental por cima do vestido e escondia seu coque grisalho embaixo de um lenço. Ela ganhava a vida fazendo faxina e mantinha uma gaveta cheia de pirulitos para quando a visitássemos. Ela falava mal o inglês, entremeando-o com algumas palavras de russo, eslovaco e talvez alguns toques de alemão. Ela me chamava de Virginia porque não conseguia pronunciar meu nome. Sempre que íamos lá, ela dava a cada um de nós uma garrafinha de Coca-Cola e um saco de batatas fritas muito salgadas e gordurosas. Nós adorávamos. Ela nos apresentou a abundância. Minha avó não tinha muito, mas transformava o pouco que tinha em um banquete. E, toda vez que íamos embora, ficava em pé no portão, que era ladeado por palmas-de-santa-rita que ela mesma plantava, podava e replantava ano após ano. Ela ficava acenando até não conseguir mais nos ver.

Nunca me esquecerei daquele aceno.

Minha filha já é adulta agora, mas temos bons momentos para lembrar. Antes que ela se casasse, criei um álbum com nossas melhores recordações.

O dia em que fizemos uma corrida de patinhos de borracha durante uma chuva forte. Nós os colocamos dentro d'água na beira do meio-fio para ver qual chegava antes ao bueiro. Ficamos ensopadas e rimos à beça.

O dia em que usamos uma bandeja de plástico como trenó para descer a montanha de neve deixada pelo trator da prefeitura que limpava as ruas.

Os domingos em que líamos as tirinhas do jornal em voz alta, interpretando cada personagem como se fosse *Macbeth*.

As noites em que eu inventava histórias para ela dormir – que nem sempre faziam sentido, porque eu caía no sono na metade da narrativa.

A casa da Barbie que eu fiz usando caixas, peças soltas e fita adesiva e que ficou melhor do que qualquer casa que a Mattel já produziu. Usei um porta-lápis para criar uma banheira. Cortei panos de prato para fazer toalhas e tapetes. Transformei uma embalagem metálica de Band-Aid em um cesto de roupas, uma caixa de charutos virou cama com dossel, caixas velhas foram transformadas em geladeira e fogão. Minha filha brincou com a casinha até que ela se acabasse.

O skate em que Gabrielle andava sentada pela casa, porque tinha medo de cair se ficasse de pé nele.

Os poemas que decorávamos, sobre o urso-polar na geladeira, a menina que queria um pônei e a importância de usar pimenta no seu cabelo.

Os Halloweens em que transformávamos o jardim na frente da nossa casa em um cemitério com túmulos de papelão.

Os sábados em que comíamos em lanchonetes e fazíamos excursões sem mapa por estradinhas secundárias das cidades vizinhas.

Os shows a que assistimos e dos quais hoje rimos: Milli Vanilli, MC Hammer, Debbie Gibson, New Kids on the Block e Vanilla Ice, Ice Ice Baby.

As gincanas que ela organizava com as amigas do ensino médio. A vez em que a levei com as amigas para pintar uma pedra enorme na frente do *campus* da faculdade no meio da noite.

Rimos com o pouco que tivemos e, mesmo assim, tivemos tudo. Só que não simultaneamente.

O marido apareceu. A carreira progrediu. Tudo o que eu queria se realizou quando priorizei o que era mais importante.

A verdade é que você pode ter tudo, mas talvez não de uma só vez.

Lição 38

Qualquer que seja a sua fé, leia o Livro dos Salmos.

Se fosse possível dividir a alma, ela teria 150 partes, cada uma abordada em um texto do Livro dos Salmos.

"Todas as tristezas, problemas, temores, dúvidas, esperanças, dores, perplexidades e impulsos que agitam o coração dos homens foram retratados aqui com vivacidade", escreveu João Calvino. Ele chamava o Livro dos Salmos de anatomia da alma.

Mesmo quando são cantados em latim, os salmos acalmam meu espírito. Mesmo quando não entendo as palavras, minha alma as reconhece.

Durante anos, o único que eu sabia de cor era o que todos conhecem. Salmo 23: "O Senhor é meu pastor, de nada terei falta." Eu o imprimia nos cartões na funerária em que trabalhava.

É fácil de memorizar e sempre reconforta. Qualquer pessoa consegue imaginar uma ovelha no alto de uma colina, perdida e assustada. A história sempre tem um final feliz: o Bom Pastor vai à sua procura, a encontra e a leva para casa. Quem não se identifica com a sensação de estar perdido no vale de trevas e morte?

Fiquei pasma ao descobrir que esse vale realmente existe. Anos atrás, em minha lua de mel em Jerusalém, estávamos no meio de uma estrada sob um sol escaldante e olhamos para uma grande extensão de terra lá embaixo. Quando meu marido perguntou que lugar era aquele, nosso guia apenas começou a recitar: "Mesmo quando eu andar por um vale de trevas e morte..."

O Livro dos Salmos conta a jornada da vida de qualquer ser humano. Os 150 textos falam de encantamento, alegria e celebração, mas também falam de desespero, desolação e abandono, sensações com que todos nós frequentemente deparamos. Ali encontramos os altos e baixos do caminho, os cumes aos quais a alma ascende e as profundezas em que cai. Há louvores e pragas, consolo e desespero, exibições de força e gritos de fraqueza. Em sua maioria, os salmos fazem com que me sinta menos sozinha.

Hoje minha vida abriga mais que o salmo 23. Às vezes não chego a recitar uma linha de seus textos. Apenas seguro o livro contra o peito e consigo me acalmar.

Na graduação, fiz uma aula sobre o Livro dos Salmos com um rabino. O professor Roger C. Klein nos disse que não precisávamos ser estudiosos ou ter mentes brilhantes para entender os salmos. "Vocês só precisam ter alma", afirmou.

Os salmos nos orientam sobre todo tipo de perturbação, interna ou externa, desde a quebra de uma safra até ataques inimigos, de doenças até a solidão. Eles revelam as várias faces de Deus: rocha poderosa, pastor, companheiro, consolador, provedor, anfitrião, criador, juiz, advogado, salvador. Quanto a mim, gosto da ideia de um Deus de alegria. Rezo com frequência: "Sois minha força e minha canção."

Uma vez encontrei uma matéria que afirmava que, quando era presidente, Bill Clinton leu todo o Livro dos Salmos em busca de alívio para as pressões políticas que enfrentava. É fácil entender o apelo dos salmos, independentemente da religião da pessoa, porque eles cobrem qualquer assunto.

Para a pobreza, existe o salmo 10: "Tu, Senhor, ouves a súplica dos necessitados; tu o reanimas e atendes ao seu clamor."

As batalhas são tratadas no salmo 35: "Defende-me, Senhor, dos que me acusam; luta contra os que lutam comigo. (...) Senhor, meu Deus, tu és justo; faze-me justiça para que eles não se alegrem à minha custa. Não deixes que pensem: 'Ah, era isso que queríamos!', nem que digam: 'Acabamos com ele!'"

Pessoas que passam por problemas no trabalho podem se identificar com o salmo 56: "Tem misericórdia de mim, ó Deus, pois os homens me pressionam; o tempo todo me atacam e me oprimem. (...) O tempo todo eles distorcem minhas palavras; estão sempre tramando prejudicar-me."

Os cônjuges podem confiar no salmo 141 para se conterem: "Coloca, Senhor, uma guarda à minha boca; vigia a porta de meus lábios."

Hoje encontro no Livro dos Salmos o grande apoio de minha vida. Visito lugares nos quais eles são entoados em cânticos. As freiras do mosteiro Mount St. Benedict, em Erie, Pensilvânia, iniciam seus dias sempre com o mesmo salmo: "Livrai-me, ó Deus! Apressa-te, Senhor, a ajudar-me!" Os monges trapistas da abadia de Gethsemani, em Kentucky, terminam todos os dias com as mesmas palavras: "Em paz me deito e logo adormeço, pois só tu, Senhor, me fazes viver em segurança."

Às vezes, é o Livro dos Salmos que me acha. Uma vez, entrei em um restaurante no qual um grupo estava fazendo um café da manhã de louvor. Ali, no cavalete perto da porta, alguém havia transcrito toda a essência do salmo 46:

Tranquilizai-vos e reconhecei: Eu sou Deus.
Tranquilizai-vos e reconhecei: Eu sou.
Tranquilizai-vos e reconhecei.
Tranquilizai-vos.

Lição 39

Saia para ver o mundo. Há milagres esperando que você os descubra.

Na manhã de uma terça-feira de setembro, saí de casa para dar uma caminhada. Quando voltei, o mundo havia mudado para sempre, ou pelo menos assim parecia.

Quando cheguei em casa, havia seis recados na minha secretária eletrônica. Acionei o primeiro e ouvi a voz do meu marido, entrecortada pela tristeza, pedindo para que eu ligasse para ele imediatamente. Parecia que alguém da família havia morrido. O restante das ligações era de parentes que me diziam que os Estados Unidos estavam sendo atacados. O último recado era da minha irmã em Nova York, dizendo que ela, o marido e o afilhado estavam a salvo no apartamento deles no Brooklyn, assistindo ao fogo que consumia as torres do World Trade Center.

Liguei a TV. As torres estavam em chamas. Logo depois, elas desabaram. De repente, não estavam mais lá. As pessoas corriam para salvar a própria vida como em um filme de Godzilla. Carros derretiam. Socorristas tentavam desviar de uma chuva de destroços. A fumaça ocultava a silhueta de Manhattan. A Estátua da Liberdade parecia pequena e frágil, como se estivesse segurando uma bandeira branca de rendição no lugar da destemida tocha da liberdade.

Fiquei dias a fio diante do televisor e assisti ao ataque repetidamente, como se, a cada vez, o resultado pudesse ser diferente e as torres não desabassem.

Durante algumas semanas, tudo pareceu estranho. Eu nem conseguia sair para caminhar. Tinha medo de repetir o que estava fazendo naquela terça-feira em que o mundo enlouqueceu. Não fazia sentido, mas algo em mim acreditava que, se eu saísse de casa, romperia o delicado equilíbrio da vida e, quando voltasse, haveria outras mensagens daquele tipo.

Quando finalmente voltei a sair, o mundo parecia ter se consertado. Caminhei por um dos parques de Cleveland e fiquei olhando as folhas. Ainda flutuavam despreocupadas pelo céu, deixando nuas árvores que mantinham os galhos erguidos em preces silenciosas.

As folhas não sabiam que tudo havia mudado em 11 de setembro. O vento as soprava com velocidade, fazendo com que multidões de folhas deslizassem pelo chão como crianças alegres saindo para o recreio na escola. Quando o vento soprava forte e alto, elas caíam como confete no tapete que se estendia entre uma árvore e outra no solo da floresta. Quando ele soprava suavemente, como um sussurro, folhas solitárias davam cambalhotas e faziam piruetas.

Nos bosques, o país não estava sob ataque nem em guerra, não sofria com o medo do antraz nem comemorava o renascimento do patriotismo. As únicas batalham eram entre esquilos que disputavam preciosas nozes. O único perigo de contaminação era o de tocar em ervas venenosas ou pisar nos bolos de estrume deixados pelos cavalos. As cores da bandeira americana só eram vistas no vermelho das frutas silvestres das árvores e na paina alva que caía como um paraquedas tendo o céu azul como fundo.

A vida mantinha sua rendição à morte para gerar mais vida. O ciclo continuava, ininterrupto. A natureza é resistente. E nos lembra que nós também somos.

Em *Walden*, Henry David Thoreau havia escrito que foi para o bosque porque não queria levar uma vida apressada, mas também não queria praticar a resignação. Suas palavras ganharam um novo significado para mim. Voltei para o bosque porque eu não queria praticar a resignação, não queria ceder ao medo do antraz, à raiva em relação aos terroristas, ao desespero por causa de uma economia mutilada. Fui para o bosque porque caminhar lá me dava menos medo do que ficar sentada à minha escrivaninha, abrir a correspondência ou ligar a TV e ouvir os especialistas.

Qualquer que seja o momento, se você quiser fugir de toda a loucura, pessoal ou do mundo, largue a TV, o computador, o iPod, ponha seu tênis e vá caminhar. Sempre há uma surpresa. Durante uma caminhada de oito quilômetros, vi um homem tentando fotografar seu lebrel na frente de uma queda-d'água. O cachorro era obediente demais para cooperar. Toda vez que o dono dizia o nome do bicho para fazê-lo olhar para cima, o animal corria até ele.

Em outra trilha, surpreendi dois cervos cochilando, vi uma garça-azul aterrissando e observei um pântano cheio de tábuas com suas compridas flores castanhas balançando em harmonia como um coro que entoasse cânticos ao Senhor.

Passei por quedas-d'água minúsculas, li citações gravadas em guarda-corpos de madeira e encontrei esta mensagem de Rachel Carson para estimular e reconfortar todos os que por ali passavam: "Aqueles que vivem entre as belezas e mistérios da terra nunca ficam sozinhos nem cansados da vida." É uma grande verdade.

Lembro-me de ter saído para caminhar na neve no ano em que tive câncer. Estávamos em março e eu havia acabado de receber o diagnóstico. Estava com medo de tudo o que se descortinava à minha frente: cirurgia, químio, radioterapia. A neve me distraiu, fez redemoinhos perto de meu rosto, me puxou para um presente deslumbrante e que me inebriava. Olhei para cima e senti os flocos caindo em mim como plumas de um travesseiro rasgado no céu. Saboreei cada toque e senti que não estava sozinha.

Em seu diário, Henry David Thoreau escreveu sobre o lar e o santuário que a natureza pode ser para nós:

> *Sozinho, nos bosques ou campos distantes, em despretensiosas terras cultivadas ou pastos percorridos por coelhos, mesmo em um dia como este, soturno e, para a maioria das pessoas, triste, quando um aldeão pensaria em seu pouso, eu me volto para mim mesmo, mais uma vez sinto que sou muitíssimo bem relacionado, que o frio e a solidão são meus amigos. Acho que isso equivale, no meu caso, ao que outras pessoas sentem quando vão à igreja rezar. Volto para minha casa no bosque solitário como um homem saudoso que retorna ao lar. Assim, descarto o que é supérfluo e vejo as coisas como são, grandiosas e belas.*

Lição 40

Se tivéssemos de enfrentar os problemas dos outros, sentiríamos saudade dos nossos.

Toda vez que o padre Clem Metzger organiza um retiro, conta a história da mulher de meia-idade que queria ser uma pessoa nova e melhor.

A mulher acaba sofrendo um acidente de carro e sendo levada às pressas para o hospital. Nas poucas vezes que recobra a consciência durante o trajeto, ela implora a Deus que a deixe viver. Deus lhe diz que não se preocupe e promete que sua vida será muito longa. Ainda não chegara sua hora.

Mais tarde, enquanto está no hospital se recuperando das fraturas, a mulher tem a ideia de aproveitar e consertar mais algumas coisas. Decide fazer uma plástica na barriga e, por que não, aumentar os seios. Faz um lifting nos olhos e afina o nariz. Fica parecendo uma nova mulher – e é assim que se sente. Ela mal pode esperar para mostrar ao mundo seu novo rosto e o corpo remodelado.

Minutos depois de ela ter alta do hospital, um ônibus a atropela e ela morre. Ao chegar ao céu, a mulher está furiosa e diz a Deus:

– Você disse que eu ia ter uma vida longa. O que aconteceu?

Deus observa seu rosto e diz:

– Não a reconheci!

Da primeira vez que ouvi essa história, ri da mulher, mas não de mim mesma. Foram necessários muitos retiros para que eu percebesse a verdade que se mostrava ali.

Vez por outra, quero pegar emprestada a vida de alguém. Dou uma olhada rápida na vida de outra mulher e sinto vontade de estar em seu lugar. É como se eu olhasse para nossos pés e comparasse nossos sapatos. Os dela parecem mais bonitos, sensuais e confortáveis. É claro, não sei se calçam bem, só consigo imaginar como ficariam nos meus pés.

Quando comparamos nosso interior com o exterior das outras pessoas, é enorme a chance de nos sentirmos em desvantagem. Muitas vezes sou bruscamente lembrada de que meus problemas são, na verdade, minhas maiores dádivas.

Alguns anos atrás, participei de um evento com centenas de pessoas de destaque em Cleveland. Fiquei intimidada na presença de tantos prefeitos, congressistas, executivos e juízes. Todos pareciam mais inteligentes, ricos e importantes do que eu jamais seria.

Uma juíza se aproximou de mim para conversar. Ela era uma estrela em ascensão na comunidade e me perguntou se eu tinha filhos. Peguei a fotografia que carrego na carteira. A juíza examinou a imagem de Gabrielle ao meu lado na nuvem de tule branco que era seu vestido de noiva. Seus olhos ficaram marejados.

"Não tenho filhos", sussurrou ela. "Sofri cinco abortos espontâneos. Não posso imaginar como é ter uma filha."

Ela encostou a foto no rosto e fechou os olhos, como se quisesse absorver o beijo da maternidade, algo que ela podia sentir, mas não vivenciar.

Toda vez que olho para aquela foto, me sinto abençoada.

A maioria de nós só presta atenção às próprias dádivas quando vê os problemas dos outros. Meu amigo Michael Brittan é um advogado de renome que poderia tranquilamente ser considerado a pessoa mais alegre que já conheci. Há quem o considere irritantemente alegre. Ele está sempre sorrindo, elogiando os outros, vendo o lado bom de tudo, encantando-se com toda a beleza à sua volta. Ele é como uma vaga-lume humano: brilha intensamente.

Quem não o conhece vê o terno e a gravata e deduz que ele teve uma vida fácil e cheia de privilégios. Mas não foi o que aconteceu. O pai de Michael era um criminoso. Comandava jogos de azar para a máfia irlandesa local.

As máfias italiana e irlandesa estavam em guerra em Cleveland. Uma semana antes de Michael começar a faculdade de direito, seu pai matou um homem durante uma partida de pôquer. Alguns meses depois de sair da prisão, enquanto Michael ainda estava na faculdade, o pai foi assassinado. Isso não desencorajou Michael. Pelo contrário, o incentivou ainda mais a progredir.

Michael se formou em direito e, anos mais tarde, se tornou presidente da Ordem dos Advogados de Cleveland. Trabalha como voluntário em escolas ensinando direitos, responsabilidades e realidade civis. Vai a bairros carentes para promover uma visão positiva do sistema judiciário e para incentivar as crianças a concluírem os estudos. Ele lhes diz que podem ter sucesso se mantiverem a mentalidade adequada, definirem um objetivo e se esforçarem. Apesar do caos que foi sua vida enquanto ele estava na faculdade – pai julgado por homicídio, pai na cadeia, pai assassinado –, Michael estabeleceu uma meta, trabalhou com afinco e se formou como melhor aluno da turma.

Mesmo de terno e gravata e tendo uma boa condição financeira, Michael consegue se identificar com os adolescentes pobres das comunidades que visita. Ele conhece a dor, a desilusão, o medo e a insegurança que muitos deles sentem por terem pais que vivem do crime.

Há muita gente como Mike mundo afora. Nos retiros de que participo todos os anos, constantemente descubro que todos nós sofremos, mas de maneiras diferentes. Depois de ver as cicatrizes dos outros, aceito as minhas com gratidão.

Em um determinado retiro, eu estava sofrendo por uma nova ferida provocada pela vida. Ao caminhar a esmo pelos 20 hectares da propriedade, vi uma corça mancando no bosque. Seu pelo era castanho-claro e ela dava passos lentos. Quando me aproximei, percebi que uma das patas dianteiras estava quebrada.

Senti um aperto no coração. Rezei para que ela não estivesse sentindo dor. Chorei. Orei por ela várias vezes durante o fim de semana. Nunca a esquecerei e sei que poderia reconhecê-la em qualquer lugar, por causa de sua pata quebrada.

Enquanto caminhava pelo bosque, eu não conseguia esquecer a imagem daquela ferida. De repente, me dei conta. Era assim, ferida, que me sentia muitas vezes. Era dessa forma que Deus nos reconhecia, por nossas dores.

Santo Agostinho escreveu: "Na minha ferida mais profunda, vejo Tua glória e ela me fascina." Para Deus, não são feridas, mas dádivas.

Alguém uma vez disse que Deus se revela a nós na confusão do dia a dia, nos problemas e falhas que gostaríamos de poder eliminar com nossas preces. Colei em minha agenda uma citação de Thomas Merton que me faz lembrar de que fui criada de forma perfeita com todas as minhas imperfeições.

Merton foi um monge trapista, poeta e ativista social que morreu em 1968 depois de passar a maior parte da vida recluso, orando na abadia de Gethsemani, em Kentucky. Ele acreditava que cada pessoa tem o próprio destino, um objetivo que corresponde apenas a ela. Deus não o repetiu e nunca o repetirá para ninguém mais. Para mim, o profeta Isaías é quem mais bem expressa nossa singularidade. Ele diz que Deus nos chamou no ventre da nossa mãe, nos formou de maneira singular e nunca nos esquecerá. Ele gravou meu nome, e o seu, na palma de Sua mão.

Devo dar a Deus o que ele não pode receber de nenhuma outra pessoa: a dádiva que sou eu.

Sim, se todos nós juntássemos nossos problemas numa pilha, eu pegaria os meus de volta correndo, não por serem mais fáceis, mas por serem meus. Minhas lições. Minhas honras. Minhas dádivas.

Lição 41

Não participe da vida apenas como ouvinte.

Leslie Hudak fazia um interessante paralelo entre a vida e o jogo de pôquer. Ela acreditava que todas as pessoas nascem com certo número de fichas. Algumas perdem as suas antes de se tornarem adultas, por causa de insultos, críticas ou de uma criação ruim. Ao chegarem à adolescência, precisam se agarrar ao pouco que sobrou e, portanto, não podem se dar ao luxo de correr riscos nem de confiar demais nas pessoas.

Leslie era uma professora de inglês do ensino médio que tomou para si a tarefa de dar mais fichas aos jovens. Comprou uma lata de tinta em spray dourada, fez as fichas em casa e as distribuiu aos alunos. Leslie se concentrava nos jovens problemáticos ou machucados pela vida, que precisavam de mais estímulo.

À medida que acumulavam as fichas que a professora lhes dava, os jovens descobriam que podiam apostar. Fazer testes para uma peça. Praticar um esporte. Convidar alguém para o baile de formatura. Pensar grande.

Mas era Leslie quem fazia as apostas mais altas. Ela poderia simplesmente ter seguido com sua rotina de trabalho, voltando para casa toda noite se sentindo satisfeita. Em vez disso, era fiadora dos alunos que pegavam empréstimos para comprar o primeiro carro. Pagava o almoço de alguns. Ajudava a pagar o aluguel de outros. Deu seu próprio carro para um aluno que precisava de um automóvel para trabalhar. Quando um rapaz quis fazer testes para salto com vara, assistiu a vídeos sobre o esporte e se tornou sua treinadora.

Se queria agradecer algo a uma aluna, levava-lhe um buquê de flores. Organizava jantares em sua casa para os estudantes, dava cestas de chocolates na Páscoa e presentes no Natal para os que nada tinham.

Chegou a redecorar o banheiro feminino para que as alunas parassem de fumar na escola. Leslie passou um fim de semana inteiro instalando papel de parede florido e aplicando tinta nova nas paredes. Além disso, arrumou cestos com spray de cabelo, absorventes, creme para as mãos e balas grátis. Deu certo. As garotas amaram todas as mudanças e passaram a vigiar o banheiro. Ninguém mais fumou lá dentro.

Quando sabia de algumas das histórias de vida dos adolescentes, fazia o que estivesse a seu alcance para ajudá-los: comprava mantimentos, ensinava a lavar roupa, segurava a mão das jovens gestantes na hora do parto quando não havia família ou parceiros para acompanhá-las.

E era Leslie que aparecia nos casamentos, ajudando as noivas a porem o vestido quando não havia mães para comemorar com elas aquele dia.

Leslie acreditava nos sonhos daqueles jovens. Quando soube que o sonho de uma aluna era ser cantora, deu o dinheiro para ajudá-la a gravar um CD.

Aquela aluna cantou "Amazing Grace" no funeral de Leslie. A professora morreu aos 58 anos, em um acidente de carro quando voltava da escola para casa em um dia de fevereiro. Milhares de pessoas foram ao velório.

No funeral, todos tinham uma história para contar sobre Leslie: que jogava balas para operários nas obras, conversava com funcionários entediados nos pedágios e dava medalhinhas em forma de anjo para garçonetes cansadas.

Uma vez, quando ficou irritada porque os trabalhos finais estavam sendo entregues com atraso, pôs um vestido rosa e uma tiara e puxou a orelha da turma vestida de Princesa Enrolação. Quando soube que um grupo de garotos ia caçar, convidou-os a almoçar em sua casa e os fez assistir a *Bambi*.

Leslie ensinava todos à sua volta a não participarem da vida como ouvintes. Quando, na faculdade, alguém se inscreve em uma disciplina como ouvinte, não obtém créditos no histórico por ela, então acaba faltando a muitas aulas e não se dedicando 100%. Leslie mostrava às pessoas que elas deviam dar valor à vida como se todo momento estivesse sendo avaliado, como se cada encontro fosse importante.

Ela poderia ter se limitado ao trabalho de professora e se dado por satisfeita. Mas, assim, não teria apostado em si mesma e nos jovens. Todos nós podemos fazer essa mesma escolha. Podemos nos limitar ao nosso cargo, nosso nível de renda ou de instrução ou expandir nossos horizontes.

Leslie ampliou seus horizontes muito mais do que a maioria das pessoas poderia imaginar. Ela doou toda a sua vida. Durante anos, ficou corrigindo trabalhos de alunos até as 2h da madrugada. Sua filha, Megan, me disse: "Acho que fazia 10 anos que minha mãe não tinha tempo de parar e assistir à televisão. Ela dava um pouco de si para todo mundo, e nunca faltava para ninguém."

Nos discursos feitos durante o funeral, seus alunos, inclusive minha filha, descreveram Leslie como a amiga, professora e mãe com o maior coração do mundo. E chamaram de sobrevivente o aluno que ela adotara 10 anos antes, um garoto que havia crescido em lares substitutos temporários e que, sem ela, teria ido parar nas ruas quando completasse 18 anos.

Da última vez que encontrei Leslie, ela me disse: "Sempre fico perturbada quando as pessoas esperam o pior dos outros. Às vezes não enxergamos o potencial dos jovens."

Cada vez que Leslie apostava nos alunos, ganhava. E eles também.

Lição 42

Livre-se de qualquer coisa que não seja útil, bela ou alegre.

Livrar-se das coisas vai contra a minha genética.

Meus pais tiveram infâncias pobres e viveram na época da Grande Depressão. Guardavam tudo e nos ensinavam a nunca jogar nada fora. A garagem do meu pai era o templo da poupança. O porão da minha mãe era o santuário da economia. Quando uma meia furava, era transformada em pano de limpeza. Se uma camisa ficava manchada, passávamos a usá-la sob um suéter. Se uma calça jeans rasgava nos joelhos, virava short.

Foi só abrir a porta do meu armário para comprovar essa característica de família. O que me impedia de limpá-lo era o fato de eu me confrontar com todos os meus eus anteriores.

O eu esportista não conseguia se separar das joelheiras, dos tênis de vôlei, dos patins in-line e dos de gelo, de roupas e acessórios que me diziam que eu ainda era jovem o bastante para me tornar a atleta que nunca fui.

O eu descolado tinha uma saia preta que ficava ótima nas três primeiras horas de uso. À medida que o tempo passava, ela ia parando de se ajustar ao corpo. Esticava quando me sentava, mas não voltava ao lugar quando me levantava.

O eu jovem apostava no visual de líder de torcida e em algum momento comprara uma minissaia cinza de pregas – que poderia ir embora junto com o sapato de salto 10 que me dava a sensação de estar andando com pernas de pau.

O eu sexy acreditava que eu ia ficar simplesmente irresistível no dia em que usasse aquele sutiã de veludo preto acolchoado ou o minivestido preto sem mangas que não me deixava respirar.

O eu nostálgico se agarrava a cada item que tivesse uma história, como os bonés com os dizeres NOIVO e NOIVA que ganhamos de presente de casamento. Ainda nos sentimos como recém-casados, mas será que iríamos usá-los? E a túnica rosa-shocking que estava usando no dia em que conheci o homem da minha vida? Bruce diz que foi amor à primeira vista. Graças a Deus o amor é cego.

Finalmente, o eu realista assumiu o controle e decidiu que era hora de me livrar de qualquer coisa que não tivesse sido usada nos últimos cinco anos. Juntei tudo numa montanha para a caridade. Senti-me renovada. Organizei minha vida. Bem, pelo menos meu armário.

Alguns anos depois, fiz o mesmo na casa toda, quando as tralhas já estavam entupindo as artérias do nosso lar. São Bento escreveu que as roupas que deixamos guardadas pertencem aos pobres. Não tenho tanta certeza de que os pobres queiram dezenas de camisetas cor-de-rosa de eventos para angariar fundos para pesquisas do câncer, mas agora elas lhes pertencem.

Passei três meses tirando todas as quinquilharias da casa, de cima a baixo. Comecei pondo para fora duas cadeiras medonhas. Uma era mostarda e ficava no escritório. A outra era da sala de jantar e parecia ter vindo direto do período colonial. No dia em que descobri que os vizinhos estavam vendendo sua casa, resolvi colocar tudo de uma vez na calçada. Se haveria mais gente passando por ali, talvez alguém se interessasse pelas nossas tralhas.

Joguei fora uma velha mesa de centro, um vitrô, uma cadeira de balanço, uma aparelhagem de som e um abajur antigo de mármore verde que havia sido descartado por outra pessoa um ano antes.

Meu vizinho pegou o abajur. Quinze minutos depois, estava de volta. Sua mulher não havia permitido que aquilo entrasse em casa.

Joguei fora luvas e meias sem par, chapéus e cachecóis comidos por traças, velas que ficaram guardadas e derreteram e um tecido que eu comprara havia 20 anos para fazer um vestido.

À medida que separava tudo, eu ia fazendo a mim mesma quatro perguntas: "Isto é útil? É bonito? Acrescenta algum significado à minha vida? Se estivesse em um bazar de garagem e fosse de graça, eu o pegaria?" A última pergunta era uma espécie de soro da verdade. A maioria das coisas foi para o lixo.

Enchi a calçada e estranhos a esvaziaram. Ao meio-dia, tudo havia sumido. A casa estava pronta. Para quê? Isso eu só descobriria com o passar do tempo.

Ao se desfazer das tralhas, você é forçado a se libertar do passado. E assim abre espaço para o futuro, para novas maneiras de experimentar o lazer e o romance, a criatividade e a serenidade. Novos hobbies, novos amigos, novos objetivos. Depois de dar sua ordem de despejo ao excedente, você pode se dedicar ao essencial: o que é belo, significativo e melhora sua vida.

Quando finalmente se livra da pessoa que costumava ser, você descobre a pessoa que é e aquela em quem quer se transformar.

Lição 43

No final, a única coisa que importa é que você amou.

Durante anos, lutei com Deus.

Eu sempre era imobilizada, depois voltava me arrastando para o ringue para outro assalto.

Entre cada luta, eu fingia piedade e tentava ser boa, mas nunca conseguia ser bondosa o suficiente. Para a maioria das pessoas, Deus é amoroso. Para mim, era assustador.

As raízes do meu mal-entendido com Deus remontavam a um passado distante, antes mesmo de eu nascer. Eu me sentia como o poeta que escreveu: "Nasci em um dia em que Deus faltou ao trabalho por doença." Eu costumava acreditar que Deus não havia sido notificado do meu nascimento. Eu passara despercebida na chegada e, desde então, vinha passando a vida tentando chamar a atenção dele, em vão (isso na meia hora dos bons dias – que eram raros – durante a qual eu não estava em algum canto me encolhendo de medo).

Tomei consciência de nossa batalha na época da escola, ou, como costumava chamá-la, do acampamento para recrutas. Cumpri oito anos de "alistamento" em um colégio católico. No primeiro, fiquei tão assustada que um dia fui para casa na hora do almoço e implorei que minha mãe nunca mais me mandasse de volta para aquele lugar.

A professora tinha uns 20 e poucos anos e provavelmente nunca tivera vontade de dar aulas para 40 crianças que não sabiam amarrar os sapatos, assoar o nariz ou contar até 20. Quando uma menina rasgou a capa da cartilha sem querer, a irmã P gritou com ela e a empurrou, fazendo-a cair da carteira. Quando um menino fez xixi na calça, ela o deixou sentado no corredor só de cuecas. Nós nos esforçávamos para entender adição e subtração, enquanto ela gritava, chamando-nos de demônios. Um dia, limpei meu nariz na manga de minha blusa branca e ela me chamou de porca na frente de toda a turma.

Eu tinha 6 anos.

Aquela foi minha entrada no mundo escolar.

No segundo ano, minha professora foi uma freira gentil. A irmã Dismas era só sorrisos e alegria. No ano seguinte, foi a vez da temida irmã D. No primeiro dia de aula, tivemos de encapar nossos livros com sacos de papel. Eu não sabia como fazer aquilo, então ela bateu com um livro na minha cabeça.

Nos dois anos seguintes, Deus teve piedade e mandou algumas professoras que não eram freiras. A meiga Sra. Adkins no quarto ano e, no quinto, a gentil Sra. Plumstead.

Depois, no sexto ano, voltei à selva. A irmã E. quase estrangulou uma aluna durante o almoço. A menina nunca mais voltou. No sétimo ano, o Sr. S fazia as crianças bagunceiras ficarem de pé na frente da turma e erguerem os braços ao lado do corpo. O professor empilhava enciclopédias nas mãos delas até que seus sorrisos se transformavam em lágrimas. Um dia, quando chorei, o professor ordenou que eu levantasse a cabeça e olhasse para ele. Eu não podia, porque meu nariz estava escorrendo. Então ele deu um berro, ordenando que eu crescesse.

Se nós, garotas, esquecêssemos de levar um chapéu ou um lenço para a igreja, as freiras colavam papel higiênico na nossa cabeça, como se Deus ficasse menos ofendido por ver aquilo em vez dos nossos cabelos. Uma vez lá dentro, tínhamos de ficar encarando a irmã B., a batedora de palmas oficial da igreja. Se batesse as mãos uma vez, devíamos nos ajoelhar. Quando batia de novo, era para nos sentarmos no banco. Quando fazíamos bagunça, ela batia em nossa cabeça.

O que Jesus tem a ver com tudo isso? Jesus era uma mera aula de história. Uma aula assustadora. Deus nos amava tanto que mandou Seu Filho para nos salvar. Mas Deus, que supostamente era um pai amoroso, deixou que Seu único Filho ficasse pregado em uma cruz na chuva, usando apenas um trapo e uma coroa de espinhos.

Como se agrada a um Deus como esse? Quem quer um Deus como esse? Jesus era uma matéria para estudar e Seu Pai era um valentão que eu nunca conseguia agradar.

Então, conheci Joe.

De início, achei que ele fosse o jardineiro. Ele não estava usando batina e não parecia um padre jesuíta, nem de qualquer outra ordem. Estava em pé na entrada do retiro, usando calça jeans e uma camisa de flanela vermelha. Tinha nariz grande e adunco e maçãs do rosto proeminentes. Suas costas eram tão curvadas que ele não se sentia confortável sentado em uma cadeira ou dormindo de barriga para cima.

Aquele homem, o padre Joseph Zubricky, foi a luz em minha vida.

Joe nos deu uma palestra sobre o Deus que ele conhecia e que chamava de Jesus. O Deus de Joe não se parecia em nada com o Deus do qual eu havia ouvido falar. Joe amava esse Deus e tinha a certeza de ser amado por ele. A religião não interferia nesse relacionamento. Aquele homem com tantos ossos deformados, uma das criaturas menos saudáveis que Deus pôs no mundo, teria todos os motivos para ressentimentos, mas era todo amor.

Depois da palestra, eu o parei no corredor. Ele deixou que eu despejasse toda a minha carga, todos os meus argumentos contra a Igreja, toda a minha confusão a respeito de quem Jesus era ou não, toda a minha mágoa em relação às freiras, à Igreja e a Deus. Será que existia mesmo um limbo? E quanto ao purgatório? Como eu podia acreditar que o Papa, um mero ser humano, era infalível? Joe apenas sorria. Não discutiu. Apenas esperou pacientemente até que eu terminasse.

Joe disse que nada daquilo – as regras, o dogma, a hierarquia da Igreja – importava. Ele entendia minha exasperação e seus cálidos olhos castanhos se encheram de luz, uma luz que vinha de dentro. Ele sorriu como um homem que amava.

"Ouça", disse ele, "no final de tudo, Deus vai fazer uma única pergunta: 'Você amou?' E então? Isso é tudo o que importa. Você amou?"

Fim da discussão.

Fim da luta.

Deus 6, Regina 0.

Imobilizada para sempre. Imobilizada pelo amor.

Lição 44

Inveja é perda de tempo.

Tio Al estava morrendo.

Primeiro foi uma pneumonia, depois acho que seu coração finalmente se cansou.

Tio Al sentia falta da luz da sua vida. Ele tinha passado a maior parte dos seus 81 anos amando minha tia Chris. Nunca deixou de amá-la, mesmo quando ela o esqueceu, quando o mal de Alzheimer levou embora as lembranças dos 56 anos que passaram juntos. A morte não foi suficiente para separá-los. Depois que minha tia se foi, ele caminhava pela casa carregando uma foto dela. Falava com ela. Rezava para ela. Cantava para ela. As canções traziam-na de volta.

Fui visitar meu tio quando o internaram com pneumonia. Entrei na ponta dos pés em seu quarto na unidade de terapia intensiva. Tubos, monitores e aparelhos presos a seu corpo faziam com que ele parecesse pequeno. Ele estava deitado de costas, com a filha na cadeira ao lado. Ela se parecia com a jovem nas fotos de casamento de minha tia Chris.

Assim que eu disse "oi", tio Al se sentou na cama como se eu tivesse usado um desfibrilador. Seus cabelos brancos e rebeldes estavam despenteados. Ele estava tão magro que era possível perceber o contorno dos ossos embaixo do roupão do hospital.

A dificuldade de respirar e de engolir, a luta, a dor, tudo era muito claro.

Mas ele se mostrou lúcido como sempre. Conversou durante duas horas. Começou a falar e não parou. Tio Al adorava contar histórias. Sua preferida era a de como havia conhecido a esposa. Contou histórias de suas viagens à Califórnia, a Nova York e a Chicago. Ele ficava ofegante entre cada narrativa e cada cidade. A filha pedia a toda hora que ele fizesse uma pausa para respirar.

Fiquei sentada em sua cama, saboreando cada detalhe enquanto ele recordava o passado. Então, ele começou a cantar e pediu que o acompanhássemos:

"Volte para casa, volte para casa, você que está cansado, volte para casa", ele cantava e sorria.

Quando a música acabava, ele parecia um menino e sugeria: "Vamos cantar outra vez!"

Vez por outra, um médico ou enfermeiro entrava e dizia para ele não se esquecer de inalar o oxigênio. Ele os expulsava. Meu tio não estava preocupado com a morte, não estava interessado em prolongar a vida. Estava pronto para partir e reencontrar a esposa. Seus votos de casamento iam além de "até que a morte os separe".

"Tive uma vida ótima", ele disse várias vezes através da máscara de oxigênio. "Ninguém teve uma vida melhor do que a minha." Que linda afirmação a ser feita em seu leito de morte! Abraçar sua vida e agradecer. Sem arrependimentos. Sem suposições. Sem queixas.

Tio Al sabia que a felicidade é uma escolha. É preciso amar o que se tem. A felicidade não está no aumento que desejamos, no portfólio que construímos para a aposentadoria, na mansão e na Mercedes que compraremos se ganharmos na loteria.

Estudos mostram que ter dinheiro sobrando não torna as pessoas mais felizes. Ninguém quer ser pobre, mas, uma vez satisfeitas as necessidades básicas de alimento, abrigo e educação, o que sobra nunca é suficiente para comprar felicidade. Economistas e psicólogos responsáveis por estudar a felicidade publicaram um artigo na revista *Science* em 2006. Ele demonstrava que as pessoas com os níveis de renda mais altos não se diziam mais felizes. Ao contrário, afirmavam serem mais ansiosas e zangadas.

Mais ou menos na mesma época, ganhou espaço nos jornais um estudo que relatava que ter filhos, estar aposentado ou possuir um animal de estimação não afetam a felicidade. O que determina se você é feliz ou não é o seu ponto de vista – que só você pode escolher.

Como ser feliz? Os especialistas dão as seguintes dicas: priorize ter tempo em vez de ter dinheiro. Medite e ore. Faça as pazes com o passado. Passe mais tempo com amigos. Aproveite o dia, o momento, o biscoito recheado (tudo bem, essa última dica é minha).

As pessoas vêm procurando orientação espiritual desde sempre. Eu procuro os monges. Anos atrás, fiz um retiro na abadia de Gethsemani. Um monge havia posto um cartaz do lado de fora da sala na qual daria uma breve palestra. O cartaz trazia três perguntas e dava suas respostas:

Quem sou eu?
Um filho de Deus.
Do que preciso?
De nada.
O que tenho?
Tudo.

Isso resume tudo.

Quem vive dessa maneira? Poucos de nós. Um dos maiores modelos desse estilo de vida foi Mychal Judge, o popular padre católico que morreu no 11 de Setembro. Seu amigo Michael Duffy, um frade da Filadélfia, disse o seguinte em seu funeral:

"Ele me dizia: 'Sabe do que preciso?' Eu ficava empolgado, porque era difícil comprar um presente ou qualquer outra coisa para ele, e respondia: 'Não, do quê?' 'Sabe do que realmente preciso?', ele repetia. 'Não, Mike, do quê?' 'De absolutamente nada. Não preciso de coisa alguma. Sou o homem mais feliz da face da Terra.'"

Meu tio também era feliz. Será que eles eram felizes porque tinham tudo? Ou porque não precisavam de nada? As duas coisas.

A felicidade não é conseguir o que você quer. É querer o que você tem.

Meu tio Al tinha tudo porque o que ele tinha era tudo o que ele queria. Em seu funeral, cantamos sua canção favorita, "Volte para casa, volte para casa, você que está cansado, volte para casa." Todos nós sorrimos. Na verdade, não conseguíamos ficar tristes. Sabíamos que ele estava feliz. Ele sempre estava.

Lição 45

O melhor ainda está por vir.

Uma vez ouvi falar de uma mãe que cozinhava uma refeição deliciosa, observava a família se deleitar com cada bocado e, depois, antes que alguém tirasse a mesa, anunciava: "Esperem, o melhor ainda está por vir!"

Ela estava falando da sobremesa, mas o mesmo vale para a vida.

Durante a maior parte da minha vida, raramente esperei que houvesse sobremesa. Quando era jovem, ela raramente aparecia depois das refeições cotidianas, só nas férias e nos aniversários. A base de nossa alimentação era carne e batata. Muita batata. Papai comprava sacos de 50 quilos e mamãe fazia o possível para transformá-las em refeições interessantes para 11 crianças. Meu pai punha um teto sobre nossas cabeças e minha mãe, lençóis limpos nas camas e três refeições na mesa. Ela não nos colocava para dormir, não havia canções de ninar nem mimos. Tínhamos pouco tempo para conhecê-la.

Quando você tem uma família grande, é amado como parte de um grupo. A relação familiar é diferente quando se precisa dividir sua mãe com cinco irmãs e cinco irmãos. Não fazíamos compras ou íamos à manicure juntas. Não havia aquela relação de companheirismo que tantas mães e filhas têm. Tínhamos uma relação que, mesmo depois de 50 anos, eu ainda tentava entender. Não era uma relação ruim. Era apenas vazia.

Havia coisas de que outras mulheres diziam sentir falta quando suas mães morriam que eu nem sequer tivera no relacionamento com a minha. Amei-a de um jeito torto durante anos. Eu já era adulta, portanto as falhas eram minhas, não dela.

Uma parte de mim queria melhorar as coisas. Outra parte havia parado de tentar. Durante a maior parte da minha vida, esperei que ela desse o primeiro passo. Era eu que devia consertar nosso relacionamento? Ou era ela?

No fundo, nosso relacionamento não tinha ruído. Era como se ele nunca tivesse chegado a se desenvolver por completo.

Ao longo dos anos, esse assunto sempre esteve nos questionamentos que eu dividia com monges nos retiros, terapeutas e guias espirituais. Descrevia nossa falta de intimidade e todos me davam o mesmo conselho: aceite o relacionamento que vocês têm. Você não é obrigada a ter uma relação tão próxima com sua mãe.

Mas era o que todo mundo tinha. Ainda haveria alguma esperança?

Minha amiga Suellen sugeriu que eu fizesse uma lista de gratidão. Achei aquilo a cara de quem assistia a programas femininos na tevê, mas ela garantiu que surtiria efeito. "Concentre-se apenas nas coisas boas que sua mãe fez e escreva uma lista, por menor que seja", disse ela.

Comecei agradecendo por ela ter me dado a vida, por ter me abrigado e alimentado. Não consegui pensar em mais nada na hora. Tinham vindo muitos filhos depois de mim – seis – e eu havia ficado perdida no meio da confusão.

De vez em quando, eu acrescentava alguma coisa à lista, mas, em geral, ela me deixava frustrada. Acabou se tornando um lembrete doloroso de que minha mãe não fazia parte da minha vida. No final, desisti.

O aniversário de 75 anos de minha mãe estava se aproximando. Minha irmã daria uma festa em Columbus. Eu teria de levar nossa mãe, um trajeto de duas horas e meia de carro. Gelei quando me dei conta de que talvez não tivéssemos sobre o que conversar durante tanto tempo. De certo modo, éramos estranhas. Eu nem sabia direito o que comprar para ela. Não conhecia seu gosto em matéria de joias, roupas ou música. Na véspera da festa, ainda não tinha escolhido um presente.

Então, dei a ela o presente que um escritor daria. Escrevi.

Na noite anterior à festa, recuperei aquela lista e me sentei na frente do computador. Fiquei acordada até encontrar 75 coisas que eu amava em minha mãe. Incluí meus 10 irmãos e gastei 10 itens. Quanto mais eu digitava, mais aquele poço vazio no meu coração se enchia de lembranças, grandes e pequenas. Algumas me fizeram rir, outras me fizeram chorar. Quando terminei, eram 3h da madrugada. Imprimi a lista, enrolei-a como se fosse um pergaminho e a amarrei com uma fita. Também peguei na internet uma lista dos principais acontecimentos de 1930, o ano em que ela nasceu. Depois, criei um vale-compras de um dia inteiro, para que saíssemos para escolher algo, e o embrulhei.

No dia seguinte, comprei uma pequena coroa de plástico em uma loja de brinquedos para que ela pudesse ser a rainha-mãe por um dia. Queria que ela se sentisse especial, mas não tinha certeza se conseguiria. Fazer aniversário era muito difícil para ela. Quando éramos crianças, papai nos dava dinheiro para comprar algo para ela, mas o que quer que escolhêssemos sempre a decepcionava. Parecia que os aniversários despertavam uma tristeza secreta dentro dela e lhe impediam de ser feliz.

Eu esperava que tudo desse certo, mas, no fundo, temia um desastre. Tinha medo de que a festa de aniversário, independentemente do que fizéssemos, a deixasse triste.

Meu marido foi buscá-la comigo. Ela ainda morava na mesma casa em que criara os filhos. Durante a longa viagem até Columbus, Bruce manteve a conversa fluindo, perguntando sobre a vida de minha mãe.

Ela começou a contar histórias que eu não conhecia. Falou de como havia sido difícil crescer em uma fazenda com pais imigrantes que não sabiam ler nem escrever em inglês, da dor de ver três irmãos partirem para a guerra e ficar anos sem notícias deles, da tristeza quando sua única irmã saiu de casa. Só que ela não usou as palavras *difícil*, *dor* ou *tristeza*. Apenas relatou sua vida.

Ao chegarmos à casa da minha irmã, eu tinha a certeza de que sabia muito pouco a respeito da mulher que me havia trazido ao mundo.

Na festa, pus a coroa de brinquedo na cabeça dela e a chamamos de rainha-mãe. Ela usou a coroa o dia todo e sorriu como se realmente fosse rainha por um dia. Todos nós batemos papo, comemos bolo e, depois, ela abriu os presentes. Meus irmãos sabiam exatamente o que ela queria: um vestido, uma blusa, um livro.

Então, entreguei o papel sobre os acontecimentos de 1930 e ela ficou relembrando os fatos. No ano em que ela nasceu, foi publicado o primeiro livro com a detetive adolescente Nancy Drew, Babe Ruth ganhou 80 mil dólares e Clarence Birdseye inventou a comida congelada. Naquele ano, Plutão foi descoberto e os cientistas previram que um homem chegaria à Lua em 2050.

Todos rimos muito. Então tive uma ideia. Em vez de lhe entregar a lista da gratidão, eu a desenrolei e a li em voz alta.

“Setenta e cinco anos!!! Você os preencheu com tantos dons! Por isso, agradeço a Deus por ter me dado você.”

Agradeci a ela por ter sido mãe e dona de casa e por ter renunciado a uma carreira que talvez desejasse. Por ter ficado com papai durante todos aqueles anos em que as mulheres de todo o país se divorciavam por bobagens.

Por ter escondido os ovos de Páscoa e por ter sido nossa fada do dente. Por ter tornado cada Natal tão mágico a ponto de ouvirmos renas no telhado. Por ter nos dado dinheiro para comprar presentes de Natal uns para os outros, a fim de que soubéssemos que o mais importante era a generosidade.

Por ter nos ensinado a trocar fraldas de pano sem furar o bebê ou a nós mesmos com o alfinete. Por dançar polcas na sala. Por ter nos apresentado às músicas de Perry Como, Mill Brothers e Mitch Miller. Por cantarolar na cozinha, a melhor música do mundo todo.

Por fazer sopa caseira de tomate, roscas de nozes e cachorros-quentes de forno. Por fazer estrelas de crochê para nossas árvores de Natal e mantas para nossos sofás. Por ter nos deixado assistir aos Três Patetas todos os dias.

Por ter nos chamado todas as manhãs para ir para a escola, às vezes cinco vezes em um único dia. Por sua caligrafia, bonita demais para que conseguíssemos falsificá-la, em cada anotação escolar. Por ter se preocupado com nossos trabalhos de escola e problemas com namorados.

Por ter nos deixado usar as garrafas vazias de detergente para fazer guerrinha de água. Por não ter nos posto de castigo mesmo quando acendemos bombinhas no quintal. Por nem sempre contar tudo ao papai.

Por nos dizer para não ficar com a porta da geladeira aberta porque aquilo não era um ar-condicionado. Por ter suportado nossas aulas de piano. Por lavar nossos cabelos na pia da cozinha quando ainda não tínhamos chuveiro no banheiro. Por ter me apresentado à sua colunista favorita, Erma Bombeck.

Por ter curado nossos arranhões com antisséptico e um beijo. Por abrir a porta às 2h da madrugada e só fazer perguntas no dia seguinte. Por se preocupar quando perdíamos o dever de casa ou esquecíamos o almoço.

Por não nos deixar brincar com facas nem pôr o dedo na tomada. Por cuidar para que nenhum de nós fosse atingido por raios ou ficasse cego por causa de franjas caindo nos olhos. Por impedir que fôssemos a consultas médicas usando roupas de baixo velhas.

Por não ter me expulsado de casa quando soube da minha gravidez. Por ter ficado comigo no hospital quando entrei em trabalho de parto. Por ter cuidado da minha filha enquanto eu tentava pôr minha vida de volta nos eixos.

Por ter ajudado cada um de nós a nos tornarmos a melhor pessoa possível. Por nos perdoar quando agíamos da pior maneira possível. Por rezar por nós quando nem sabíamos que precisávamos de orações. Por amar cada um de nós igualmente e nunca revelar que eu era a preferida.

A festa se tornou praticamente um hino ao amor à medida que meus irmãos e irmãs acrescentavam mais itens à lista, compartilhavam seus momentos e lembranças especiais. O sorriso de mamãe brilhava.

Na volta para casa, minha mãe não falou muito. Meu marido colocou para tocar a trilha sonora da vida dela: Frank Sinatra, Nat King Cole, Ella Fitzgerald.

Também não falei muito. Estava pensando naquela mulher do banco traseiro. Eu nunca havia pensado nela como a garota que teve de explicar aos pais, imigrantes tchecoslovacos, o conteúdo dos telegramas que informaram que seu irmão Chuck fora feito prisioneiro de guerra pelos alemães ou que seu irmão Mike pegara malária em uma missão do outro lado do oceano. Aos 10 anos de idade, ela estava sozinha em uma enorme fazenda com pais que não conheciam os Estados Unidos. Deve ter se sentido muito sozinha.

Quando a deixamos em casa naquela noite de domingo, eu a via com outros olhos. Ela parecia outra pessoa, alguém que eu poderia conhecer. Prometi visitá-la no dia seguinte e levá-la para fazer compras. Seu aniversário era na verdade na segunda--feira depois da festa.

Tarde da noite naquele domingo, meu marido foi parar no hospital por causa de cálculos renais. Fiquei horas no pronto--socorro até ele ser atendido. Eu poderia ter cancelado a saída para fazer compras com mamãe. Ela teria entendido. Talvez nem fizesse questão. Mas, sabendo que a vida a havia deixado na mão muitas vezes, eu não poderia cancelar. Fiquei dividida. Em parte porque meu marido estava no hospital, mas sobretudo porque eu estava com medo. Queria um novo começo com aquela mulher que eu havia abandonado, mas e se eu a levasse para fazer compras e tudo voltasse ao vazio de antes?

Eu precisava ir. Havia prometido. Dirigi uma hora para pegá-la, perguntando-me durante todo o percurso como eu iria aguentar um dia inteiro de compras. Detesto shopping centers.

Quando cheguei à sua casa, às 10h, ela me recebeu toda bem--vestida: bolsa combinando com a blusa e um colar de pérolas no pescoço. A mesa de centro da sala parecia um pequeno altar: estava forrada e, sobre ela, havia flores, a coroa de plástico do aniversário e a lista da gratidão. A agenda de mamãe estava aberta na escrivaninha. No dia 15 de agosto, seu aniversário, ela só havia escrito uma coisa em toda a página: *compras com Regina*. Engoli as lágrimas e minha vergonha por quase ter cancelado.

E fomos fazer compras. Ela andava em câmera lenta, ziguezagueando pelos corredores, esquadrinhando cada blusa do colarinho até a barra. No início, fiquei impaciente. Por que ela demorava tanto para escolher uma roupa? Depois, me dei conta: ela não ligava para o que ia comprar. Só queria passar um tempo comigo. Então, reduzi o ritmo. Levei-a para almoçar, depois fomos a dois outros shoppings. Na última loja, ela achou uma arara cheia de roupas do seu gosto. Comprei tudo o que cabia nela.

Antes de levá-la para casa, insisti para comermos uma sobremesa. Afinal de contas, era seu aniversário.

Sentamos ao sol e tomamos sorvete italiano. Quem nos visse ali pensaria que éramos mãe e filha muito íntimas, conversando e rindo despreocupadamente. Eram 17h. Tínhamos passado um dia inteiro juntas, só nós duas, pela primeira vez na minha vida.

Na volta para casa, ela me revelou que meus avós nunca comemoravam o aniversário dela. A única comemoração que teve na juventude foi quando completou 16 anos e as amigas descobriram que ela estava fazendo aniversário.

Minha mãe me agradeceu pelas compras, pelo almoço e pela sobremesa. Parecia mais uma menina do que uma mulher de 75 anos quando me disse: "Este foi o melhor aniversário da minha vida."

Lição 46

Independentemente de como você esteja se sentindo, levante-se, vista-se e compareça à vida.

Em quase todo mês, há um dia em que fico atolada na minha própria lama.

Antes dos 50, eu colocava a culpa na TPM e nos hormônios. Quando fiz 50 anos, passei a culpar a falta de hormônios. Mas homens também ficam atolados, então, isso deve ser da condição humana.

Um dos meus cantores favoritos, James Taylor, tem uma canção chamada "Something in the Way She Moves" com a qual me identifico bastante. A letra fala de como, vez por outra, de repente não podemos contar com as coisas em que costumamos nos apoiar e acabamos encalhados em lugares onde não gostaríamos de estar.

Todos nós já passamos por isso. Toda pessoa tem dentro de si um banco de areia movediça no qual às vezes começa a afundar e precisa que parentes a amigos a salvem dizendo todas as coisas boas que já aconteceram e que ainda acontecerão.

Meu marido, minha filha e alguns amigos geralmente conseguem me resgatar, mas não sempre. Nos dias realmente complicados, mesmo tentar mostrar a eles que estou afundando é difícil.

Esses dias frágeis devem ser enfrentados com preces. Faço a primeira de que conseguir me lembrar só para sair da cama. Em alguns dias, basta uma Ave Maria. Em outros, preciso de todo um rosário. Vasculho minha artilharia espiritual e uso o Pai-Nosso ou a Oração da Serenidade. Pego a Bíblia na minha mesinha de cabeceira e o livro parece imediatamente se abrir em João 14:1: "Não se perturbe o coração de vocês." Há também uma prece de Thomas Merton que muitas vezes ajuda. Ele começa admitindo a Deus que está perdido, que não consegue ver o caminho para seguir em frente e não faz ideia de por onde começar.

Quando essas preces não ajudam, folheio os salmos e livros com meditações diárias e frases de incentivo. Uso todos os recursos disponíveis até encontrar alívio. Se não encontro forças suficientes para me agarrar a Deus, peço que Ele se agarre a mim. Na verdade, faço mais do que apenas pedir. Digo: "Hoje é um daqueles dias, Deus. O Senhor está carregando este fardo, então, segure-se em mim."

Uma vez, ouvi alguém dizer que uma prece é mais do que palavras. É uma postura que assumimos, uma posição que reivindicamos. Jogamos nosso peso contra a porta para impedir que o mal avance e seguramos firme até ele ir embora.

Ao longo dos anos, desenvolvi um plano de emergência simples para ser usado assim que sinto o furacão daqueles dias tristes soprando.

Tenha uma lista de pessoas que entendem a sua situação e a quem possa recorrer em caso de emergência. Elas não são o tipo de gente que tenta dizer para você aguentar firme ou que apresenta 20 maneiras de superar o momento fazendo centenas de coisas simultaneamente. Simplesmente sabem qual é seu sorvete, seu doce, sua música ou seu filme favoritos e o jeito de trazer você de volta a seu estado de espírito normal.

Em dias assim, não faça nada que você não tenha que fazer. Cancele qualquer coisa que possa ser adiada. Evite pessoas ruins – e isso vale principalmente para o trabalho.

Não tome decisões importantes sobre seu casamento, sua carreira, sua dieta ou seu próprio valor. Você está tendo um dia ruim. Não analise nada. Sua cabeça não é um lugar seguro nesses dias.

Também não aumente o que você está sentindo. O mundo não está acabando. Você está passando por uma turbulência, mas o avião está seguro e o piloto é bom. Você está na poltrona certa da vida, apenas deparou com um trecho um pouco agitado. Espere. Vai passar.

Eu admito: nesses dias difíceis, fico tentada a faltar ao trabalho e tirar o dia só para mim. Em vez disso, sigo o conselho do meu amigo Don: "Levante-se, vista-se e compareça. Faça o que for essencial."

Levante-se: encare o dia na vertical em vez se render a ele na horizontal.

Vista-se: ponha suas roupas e seus sapatos, prepare-se da cabeça aos pés. Isso desata a esperança. Acho que é o motivo de, mesmo nos países mais pobres, as mulheres se adornarem com lenços, contas e pedras.

Compareça: a maior parte da vida se resume a comparecer. Em dias difíceis, se tiver de ir a algum lugar, apenas vá. Para ser um sucesso, é preciso fazer o melhor possível. Isso pode variar. Se o melhor que você puder fazer em determinado dia não for tão bom, ainda assim faça. De qualquer forma, será o seu melhor.

Depois que você cumprir essas três etapas, será muito mais fácil fazer qualquer outra coisa. Em alguns dos meus piores dias, escrevo os melhores textos, cuido da minha filha com maior dedicação e amo como nunca.

Don, que me ensinou aquele lema, é uma das pessoas mais felizes que já conheci e teve uma vida das mais difíceis. Ele cumprimenta todo mundo com um sonoro "oi!" e se despede de todos com um abraço e as seguintes palavras: "Foi um pedaço do céu."

Don teve mais dias tristes do que a maioria das pessoas. Quando tinha 11 anos, sua mãe foi internada em um manicômio. O pai era um alcoólatra que não conseguia criar os seis filhos. Numa sexta-feira, Don soube que, na segunda, iria para um orfanato e passaria três meses lá. Na verdade, nunca mais voltou a morar com a família.

Quando tinha 16 anos, uma noite o padre do lar para meninos em que estava lhe deu a notícia de que sua mãe havia morrido de aneurisma cerebral.

Anos mais tarde, perdeu um irmão por causa do alcoolismo. O irmão entrara numa briga e acabara sendo atropelado pelo homem com quem discutira. Ficou um mês em coma, depois morreu. Don sempre conta o lado bom da história: Deus lhe deu 30 dias para se despedir.

Don se tornou um terapeuta especializado em casos de alcoolismo. Casou-se com uma enfermeira e teve dois filhos. Depois, sua esposa teve um amante e o casamento acabou. Algo se partiu dentro de Don quando viu a família se separar. No meio disso tudo, nos dias em que ele não queria ir trabalhar, atender o telefone ou ouvir os problemas dos outros, ele punha em prática aquelas palavras: levante-se, vista-se e compareça.

Suas palavras me inspiram nos dias tristes, que hoje são raros. Independentemente de como estou me sentindo, eu me levanto, me visto e compareço para a vida. Quando faço isso, o dia sempre me retribui com mais do que eu esperava. Todo dia é de fato um pedaço do céu. Só que, em alguns deles, o pedaço é menor.

Lição 47

Respire. Isso acalma a mente.

Se você quer engravidar, tente meditar.

Tomei conhecimento desse valioso conselho por meio de um professor da Escola de Medicina de Harvard. Ele relatou que, em seu grupo de pesquisa, quase 40% dos casais que acreditavam ser estéreis engravidaram em até seis meses depois de começarem a praticar meditação.

O Dr. Herbert Benson defende que meditar diariamente ajuda a manter o médico longe (mas, obviamente, não a cegonha). Entoar um mantra também pode ajudar a aliviar os sintomas da Aids, baixar a pressão arterial e evitar a necessidade de alguns procedimentos cirúrgicos.

No fundo, meditar significa estar presente por inteiro a cada inspiração e expiração. Uma vez entrevistei um professor que tinha a respiração como tema principal de suas aulas. Quando Christopher Faiver estava na faculdade, em 1969, havia uma rodada de encontros chamada A Série das Últimas Palestras. A proposta era que os convidados falassem sobre o tema que escolheriam se aquela fossa a última palestra de suas vidas. A ideia ficou na cabeça de Christopher durante décadas. Quando se tornou professor da Universidade John Carroll, ele escolheu o seu tema. E exortou os alunos a respirar.

Ele tinha ouvido dizer que algumas religiões orientais acreditam que temos um número finito de ciclos de inspiração e expiração e que devemos usá-los de maneira inteligente.

Christopher foi testemunha de dois momentos deste ciclo: assistiu ao neto inspirar pela primeira vez e viu a mãe expirar pela última. "Senti que havia uma espécie de comunhão", disse ele.

Em sua palestra, ele falava de todas as pessoas que o ajudaram a respirar com mais facilidade, mestres e mentores como Jesus, Buda e Gandhi, assim como inúmeros professores, colegas, chefes e alunos.

Fiquei pensando nas pessoas que me fizeram respirar com mais facilidade, em especial no homem que me apresentou a respiração consciente 20 anos atrás. Cerca de 50 pessoas se reuniram para um retiro de meditação que durou do final da tarde de sexta-feira até o início da tarde de domingo. Eu tinha ido na esperança de conhecer alguém interessante, como se fosse um encontro de solteiros.

O palestrante era um monge budista que estudava na Tailândia. Na primeira sessão, ele pediu que sentássemos em uma posição confortável, ficássemos em silêncio e ouvíssemos nossa própria respiração. Quando ele tocasse o sino, a meditação teria chegado ao fim. Ouvir a própria respiração. Que dificuldade haveria nisso?

Eu estava empolgada com a oportunidade de tirar meu passaporte para a paz. Esperava que minha mente me transportasse para uma praia tranquila ao raiar do Sol, para o cume de uma montanha muito alta ou para um lago sereno coberto de lótus. Esperava algo mais que as imagens que se alternaram em minha cabeça, trazendo de volta todas as pessoas que eu havia odiado ou amado.

Minha mente era como um depósito de lixo. Não havia paz. Eu estava sonhando acordada com minha infância e minha lista de afazeres, com cenas violentas de pessoas sendo assassinadas, comigo escrevendo um livro, com liquidações de sapatos. De repente eu percebia o que estava acontecendo e tentava ouvir minha respiração. Mas só conseguia escutar uma sala cheia de pessoas que suspiravam frustradas.

O sino finalmente tocou. Conseguimos chegar ao fim da primeira sessão. No dia seguinte, meditaríamos 40 minutos a cada duas ou três horas. Era uma agonia. Quando o monge nos deixou sair para dar uma volta, ainda assim foi para meditar. Devíamos sentir nossos pés tocando a terra em cada passo. Tínhamos de ficar em silêncio, mesmo no banheiro e durante as refeições. Respirar, respirar, respirar. Só isso.

Quando saímos, algumas pessoas estavam à beira de um motim. Um grupo de cinco participantes se reuniu sob um carvalho e planejou uma rebelião. Outras quatro pessoas fizeram as malas e foram para casa.

O restante das sessões foi exaustivo. Era como voltar ao dentista para terminar um canal. Minha mente corria como um cavalo selvagem. Ficar parada concentrando-me em minha respiração era uma tortura. Depois de 20 minutos, minha mente gritava: "Toque o sino! Toque logo a #$%@& desse sino!"

Depois de um dia inteiro, eu só conseguia contar até 15 antes que minha mente me levasse para paragens mais agradáveis. Meu pensamento flutuava entre a padronagem das cortinas, um sujeito bonito, as férias de verão e um trabalho inacabado. Meu corpo doía por eu ter ficado sentada sem me mexer. Fiquei exausta de tanto fazer nada.

No domingo, metade das pessoas já havia guardado seus colchonetes, descruzado as pernas e tomado o rumo de casa. O monge encerrou o retiro nos dizendo que tudo o que precisávamos saber estava dentro de nós.

Era difícil ouvir aquilo sem se questionar o motivo de ter ido para lá.

Então o monge disse: "Vocês provavelmente estão se perguntando o que vão levar daqui."

Eu podia imaginar muita coisa que ele poderia dizer. Grande sabedoria. Uma sensação arrebatadora da presença de Deus. Harmonia perfeita com o Universo. Libertação do medo. Um coração transbordando de amor.

Em vez disso, ele contou a história de um discípulo que interroga seu mestre:

– Por que o senhor medita? Isso o torna santo? – perguntou o discípulo.

– Não – respondeu o mestre.

– Isso o torna divino?

– Não – repetiu o mestre, balançando a cabeça.

– Então isso o torna o quê?

– Desperto.

E como se fica desperto? Respirando.

Lição 48

Se você não disser o que quer, não vai conseguir.

A coisa mais difícil para mim é expressar-me.

Eu sei, isso é meio irônico, já que ganho a vida escrevendo uma coluna de jornal lida por umas 400 mil pessoas. Acho que o Universo sabia do que eu precisava.

O Universo também me mandou um homem maravilhoso que me ensinou a encontrar minha própria voz. Antes de conhecer meu marido, eu tinha medo de ir a uma loja para trocar um suéter, mesmo tendo a nota fiscal. Eu preferia doá-lo a ser atormentada por uma vendedora por causa da política de trocas da loja.

Meu marido é o oposto. Bruce nasceu confiante. Quando quer algo, ele diz. Não tem medo de rejeição. Se alguém lhe dá uma resposta negativa, ele nunca a leva para o lado pessoal. Bruce não consegue entender os covardes como eu. Por que relutamos em pedir qualquer coisa?

Vergonha. Temos vergonha de demonstrar que não sabemos algo ou que precisamos de alguma coisa. Cresci negando minhas necessidades. Toda vez que pedíamos alguma coisa, meu pai dava a mesma resposta: "Você não precisa disso."

Orgulho. Não queremos dar a outra pessoa o poder de nos dizer não. Não queremos ser enfraquecidos pela rejeição. Temos medo do que um estranho, que também é uma pessoa imperfeita, vai pensar de nós.

Medo. Temos medo de dar nossa opinião porque isso mexe naquela velha ferida de infância, quando ouvimos um não numa situação em que era tão importante que alguém dissesse sim.

Culpa. Não queremos incomodar ninguém. Não merecemos o tempo, a energia e a atenção dos outros – mesmo quando nosso interlocutor é um terapeuta a quem pagamos para nos ajudar. Somos tão educados que nos paralisamos.

Meu marido acha que medo só cabe em situações como pular de um avião ou mergulhar perto de tubarões. Ele não entende o medo de pedir a um comissário de bordo que nos coloque em outra poltrona. Bruce pede absolutamente tudo. *Upgrade* para a primeira classe. Um quarto melhor no hotel. Desconto, porque acha que nunca se deve pagar o preço de varejo. Refis grátis. Até informação ele pede!

Já eu não consigo pedir ao sujeito que está chutando minha poltrona no avião que pare. Não consigo pedir que as pessoas que estão conversando atrás de mim no teatro calem a boca. Eu me levanto e mudo de lugar. Passo fome, mas não peço à aeromoça uma refeição vegetariana.

O pior momento que já passei por causa disso foi quando minha filha tinha 6 anos e havia juntado moedinhas para comprar doces. Estávamos na fila do supermercado quando ela andou até a caixa, colocou sua pilha de moedas lá e voltou. Ao avançarmos na fila, vi alguém pegá-las. Era uma garota de mais ou menos 12 anos. Virei-me e fiquei encarando-a. Não tive força para detê-la. Ela simplesmente roubou o dinheiro da minha filha e eu não consegui obrigá-la a devolver, não falei sequer uma palavra.

Anos mais tarde, levei meu sobrinho ao McDonald's. Ele comprou um refrigerante, bebeu e pediu mais. Perguntou se ali havia refil grátis. Peguei o copo dele e fui em direção ao balcão para perguntar, mas, antes mesmo de abrir a boca, perdi a coragem. Fiquei morrendo de medo de que dissessem não. Amarelei. A máquina de refrigerantes ficava ao alcance dos clientes, então fui até ela e enchi o copo. Será que roubei um refil? Não sei, nunca descobri.

Estou começando a prestar atenção às pessoas que pedem. Estou tomando nota mentalmente de quando os pedidos funcionam. Minha amiga Sharon levou o filho de 5 anos a um jogo de basquete. Eles tinham ingressos para assentos lá no alto das arquibancadas. Ao subir cada vez mais os degraus, o menino foi ficando com medo da altura e começou a chorar. Sharon tinha três opções: forçar o filho a sentar-se perto da camada de ozônio, ir para casa ou pedir lugares que não deixassem a criança com medo. Ela falou com o rapaz que recolhia os ingressos. Ele a mandou falar com outra pessoa, que mandou falar com outra, depois outra. No final, alguém disse sim e o menino conseguiu lugares no nível da quadra.

Um dia, meu xampu havia acabado. Meu marido e eu paramos em uma loja, mas ainda eram 10h30 e ela só abria às 11h.

– Voltamos mais tarde – disparei.

Meu marido sorriu. Era um desafio.

– É só bater à porta e pedir – disse ele.

Não. Eu não conseguiria.

– A placa diz que está fechado – insisti. – Prefiro ficar sem o xampu a ouvir um não.

Ele deu aquele sorriso malicioso e desceu do carro. Bateu à porta da loja e disse que só queria comprar xampu. A garota lá dentro fez um não com a cabeça. Ele pegou a carteira e mostrou-a para a moça. Ela se aproximou da porta.

– Ainda não abrimos. Não posso aceitar cartões de crédito – disse ela.

– Vou pagar em dinheiro.

Pouco depois, lá vinha ele com quatro frascos de xampu.

Depois de anos vendo meu marido expressar suas opiniões e colher os benefícios, finalmente me manifestei, e com tudo o que tinha direito. Eu queria um aumento. Um dia, rezei, organizei meus argumentos na minha cabeça e convidei meu chefe para almoçar. Pedi e ele negou. Mas, antes, me humilhou. Pedi licença, fui para o banheiro do restaurante, me debulhei em lágrimas, lavei meu rosto, voltei à mesa e mudei de assunto. Horas mais tarde, no trabalho, ele disse que veria o que poderia fazer por mim. E acabei recebendo um pequeno aumento.

Os anos se passaram e chegou o momento em que quis um aumento de verdade. Estava trabalhando muito bem. Será que meu chefe tinha notado? Eu não podia simplesmente supor que sim, então parei para pensar em por que eu merecia um aumento.

Comecei o e-mail dizendo a meu chefe que amava meu emprego, o jornal e a cidade. Agradeci por ter me contratado. Falei da importância da minha posição e disse que eu estava na extremidade mais baixa da faixa salarial do cargo. Depois, indiquei o valor que eu agregava ao jornal com uma lista longa e discriminada item por item. No final da lista, pedi "um aumento substancial e significativo".

E o obtive. Passei a ganhar exatamente o valor que eu havia calculado, mesmo sem tê-lo mencionado. Fui covarde ao pedir o aumento por e-mail e não pessoalmente? Talvez. Mas pedi e consegui.

Quem não diz o que quer não consegue. Então, diga. Às vezes, a resposta será sim, outras vezes, será não. Se você não pedir o que deseja, ficará sempre com o não.

Lição 49

Doe.

Estávamos perdendo Beth. Dia a dia, passo a passo, sua vida parecia estar se apagando como uma brasa que arde com cada vez menos força até se extinguir.

Primeiro o diabetes havia destruído seus dois rins. Agora, o que ela recebera 14 dias antes. Sua única esperança era hemodiálise quatro horas por dia, três dias por semana, até que ela morresse ou recebesse outro rim. Ela estava em uma lista de espera que podia levar de quatro a seis anos. Minha amiga não sobreviveria tanto tempo.

Ninguém dizia isso em voz alta, mas era o que todos nós pensávamos, o que todos nós sabíamos. Havíamos feito nossas preces, mas era difícil orar sabendo que a vida de alguém que você ama dependia do órgão de um estranho.

Ninguém admitia, mas todos temiam que aquele fosse o último Natal de nossa amiga. Nos nove anos anteriores, ela e o marido, Michael, haviam passado a véspera de Natal em nossa casa. Mas a melhor de todas as comemorações aconteceu quando Beth não estava à mesa conosco.

Já era quase meia-noite do dia 23 de dezembro quando o telefone tocou. Logo pensamos que fossem más notícias. Mas eram notícias ótimas. Talvez houvesse um doador para Beth. Talvez.

Não tinham apenas encontrado um rim, mas um pâncreas também. Um pâncreas novo significaria o fim da diabetes. Ele liberaria a insulina que o corpo de minha amiga deixara de produzir aos 10 anos. Com um novo pâncreas, ela não teria de se preocupar com a eventual perda da visão e dos membros, não ficaria pensando que morreria da mesma doença que a mãe e não veria sua filha de 5 anos crescer.

"É bom demais para ser verdade, mas, por favor, Senhor, permita que eu mereça", rezou Beth. O marido dela só conseguiu acreditar no que estava acontecendo quando ela começou a fazer a mala para ir para o hospital. Depois que ele viu que não estava mesmo sonhando, ligou para um amigo e, junto com a notícia que se espalhava, vieram as preces de todos que a recebiam.

Oramos por Beth, que, mesmo doente, passara os últimos 18 anos dedicando-se a fazer com que as crianças sentissem menos medo de agulhas, médicos e exames em um hospital infantil. Rezamos pela família que, graças a Deus, mesmo num momento de dor, havia sido bondosa a ponto de doar os órgãos do rapaz de 21 anos que morrera em um acidente de carro, para que alguém pudesse continuar a viver.

Beth e Michael deixaram Micaela na nossa casa às 6h30 na manhã da véspera de Natal. Beth deu um beijo na filha e eu abracei minha amiga e lhe desejei o melhor presente de todos: a vida.

Horas se passaram sem notícias. Às 14h, os médicos ainda não sabiam se os órgãos seriam compatíveis com Beth. O telefone tocou às 15h. Beth estava sendo preparada para a cirurgia. Mais tarde ela me diria que foi naquele momento que seu medo de não sobreviver deu lugar a uma incrível serenidade. Ela ficou pensando em como a vida seria maravilhosa quando ela acordasse e não fosse mais diabética.

Passamos o dia todo preocupados. Será que o corpo dela conseguiria suportar quatro horas de cirurgia? Será que os órgãos seriam rejeitados? Será que, na véspera de Natal, uma garotinha descobriria que a mãe estava mais saudável do que nunca ou será que ela teria a notícia de que... Não conseguíamos terminar esse pensamento.

A pequena Micaela falava do Papai Noel e da boneca que ele traria, perguntava se ele apareceria se ela não estivesse em casa e como as renas conseguiam voar. A menina acreditava piamente no milagre do Natal. Será que poderíamos fazer o mesmo?

O telefone tocou. O pâncreas havia sido transplantado com sucesso total. Uma hora mais tarde, soubemos que o novo rim também estava funcionando. Fim da insulina. Fim das hemodiálises. O doador era perfeitamente compatível. Beth havia pulado para o topo da lista de transplantes porque, de todas as pessoas cadastradas, ela era a mais compatível. Só os órgãos de um gêmeo idêntico teriam mais compatibilidade.

Michael voltou à nossa casa e abraçou uma garotinha cujo maior desejo de Natal era uma boneca. Ele contou que mamãe não teria mais que furar o dedo na maquininha de medir o açúcar do sangue. Enquanto Micaela pegava no sono assistindo a *Milagre na Rua 34*, seu pai não conseguia parar de falar do milagre que havia acontecido na sala de operações do hospital universitário, um milagre que seria contado a Micaela em todos os Natais.

Só quando escrevi uma coluna no jornal sobre a dádiva de Beth fui perceber que essa história tinha mais personagens. Recebi o seguinte e-mail de uma leitora:

> *Fiquei muito comovida com a matéria da primeira página do jornal de hoje. Minha filha de 31 anos está em uma lista de transplante de pâncreas e rim. Descobrimos o diabetes quando Dawn precisou fazer uma cirurgia de catarata, aos 8 anos. Mais tarde, ela teve de remover um dedo do pé e, há cerca de quatro anos, seus rins começaram a falhar.*

Minha filha está na lista há cerca de dois anos e meio. Na véspera do último Natal, também recebemos um telefonema do hospital informando sobre a possibilidade de haver um doador. Ligamos imediatamente para todos os conhecidos pedindo que fizessem uma corrente de orações. Passamos pelas mesmas emoções e esperanças que Beth.

Sabíamos que minha filha era a segunda da lista. Sabíamos também que ela só receberia aqueles órgãos se a primeira pessoa não fosse compatível. Devo admitir que rezamos pedindo isso, mas, às 15h, recebemos a informação oposta. Minha filha teria de esperar um pouco mais.

Mas preciso dizer que, depois das 15h, nossas preces mudaram. Começamos a rezar pelo receptor que havia sido compatível. Ficamos felizes com o sucesso da cirurgia. Por favor, diga a Beth que continuaremos a orar por ela.

Obrigada.

Sandra Whalen

O e-mail me deixou desconcertada. Imaginei aquela família reunida, rezando por um milagre, e vi como devia ter sido difícil descobrir que ele não aconteceria. E, apesar disso, nas horas seguintes, eles não ficaram desanimados e desiludidos, mas voltaram suas preces para Beth.

Quanta dignidade em ceder quando há tanto em jogo! Rezar pela pessoa que recebeu os órgãos que teriam salvado a vida da sua filha. Eu quase não consigo ceder a vez ao carro que quer vir para a minha pista ou deixar que a pessoa atrás de mim no avião desça primeiro porque precisa pegar outro voo. Muitas vezes, não abro mão do que quero e não consigo enxergar de forma alguma as pequenas necessidades das outras pessoas – muito menos as grandes.

Eu estava tão concentrada em rezar para Beth que nunca pensei em rezar pelas outras pessoas que precisavam daqueles órgãos. Depois do e-mail, fiquei me perguntando o que haveria acontecido a Dawn.

Dois anos mais tarde, eu estava em uma exposição de arte organizada por um centro de tratamento do diabetes. Uma mulher havia construído uma parede com frascos de remédios e tijolos de papel vermelho. Representava a sensação de esperar um transplante. O nome da artista era Dawn Whalen. Sim, *aquela* Dawn.

Os terapeutas ocupacionais haviam dado a cada paciente uma câmera para que fotografassem um dia de vida com hemodiálise. Dawn havia montado um painel com suas fotografias e composto uma canção sobre ser submetida à hemodiálise durante três horas e meia por dia, três vezes por semana durante três anos. Ela colou no painel fotos do kit de medir a glicemia, das agulhas, do homem que a levava para a hemodiálise e dos frascos dos remédios que ela toma.

Dawn tinha 32 anos, mas parecia uma garota de 22, com cabelos curtos e cílios compridos. Não parou de sorrir um segundo enquanto conversávamos. Ela havia recebido um rim e um pâncreas dois anos depois do transplante de Beth. O hospital ligara em uma manhã de domingo. Quando soube que talvez houvesse um órgão disponível e que deveria ficar preparada, ela foi para a igreja. Rezou por quem quer que fosse receber aqueles órgãos e pela pessoa que havia morrido. Mais tarde, recebeu um telefonema na igreja dizendo-lhe para ir para o hospital.

Hoje ela trabalha como voluntária no centro de hemodiálise. Centenas de pessoas ainda estão esperando a compatibilidade perfeita. Estão esperando que alguém ceda.

Que Deus a abençoe, Dawn!

Lição 50

A vida é uma dádiva.

O primeiro e-mail veio de meu cunhado Randy. Depois foi a vez de uma amiga. E de outra. Todos queriam saber se eu conhecia o segredo da vida.

De início, ignorei as mensagens e os links, mas depois fiquei pensando que talvez o Universo estivesse querendo me dizer alguma coisa. Qual seria o segredo para ter dinheiro, bons relacionamentos e felicidade?

Na verdade, não se trata de um segredo. Ele está em Platão, Beethoven e Einstein. Eu o vejo em minhas estantes, nos livros de Emmet Fox, Wayne Dyer, Ernest Holmes e James Allen. Nos evangelhos de Mateus, Marcos, Lucas e João.

Existe uma força, uma lei universal: a lei da atração. Tudo o que lhe acontece é atraído para você por seus pensamentos. São eles que criam sua vida.

Você certamente já ouviu a frase "Você é o que você come". Na verdade, você é o que você pensa. Incrível, não? Tente ter apenas bons pensamentos durante um dia inteiro. Já consigo passar uma hora sem imaginar tristezas, dores e doenças, mas meu cérebro é uma fábrica de medos. Produz todo tipo de coisas sem sentido. "Acho que há alguém embaixo da cama." "Parece que vi um rato entrar no vaso sanitário."

Li que Albert Einstein disse uma vez que a pergunta mais importante que qualquer ser humano pode fazer a si mesmo é a seguinte: "Este Universo é amistoso?" Na hora pensei: "Claro que não! Ele ficou louco?" Mas Einstein era incontestavelmente brilhante, então não consegui tirar aquela pergunta da cabeça.

E se eu considerasse o Universo amistoso? Comecei a pôr isso em prática. Foi como ver o mundo através de uma nova lente. Se você pensar em medo, atrairá ansiedade. Se pensar em abundância, atrairá riqueza. Se pensar em amor, atrairá compaixão.

O segredo não é dominar seu chefe, sua conta bancária ou seus filhos, mas dominar sua mente. Agora, toda vez que sinto uma nuvem carregada sobre mim, paro e me pergunto: "O que você está pensando?" Quando uma pessoa não está bem, o melhor a fazer é mudar os próprios pensamentos, não o emprego, as roupas ou o marido.

Einstein disse: "Só há duas maneiras de viver: como se nada fosse um milagre ou como se tudo fosse um milagre."

Que seja milagre então!

O problema é que nem sempre reconhecemos os milagres. Às vezes, à primeira vista, eles parecem grandes equívocos. O segredo é descobri-los. Isso é difícil, sobretudo quando se tenta ser perfeito.

Tentei fazer isso. Fiz uma lista de tudo o que queria mudar. Dividi-a em metas. Colei-as em lugares visíveis. Li-as em voz alta. Visualizei todas acontecendo. Prometi comer mais grãos integrais e menos gordura. Pagar em dinheiro em vez de usar cartões de crédito. Ser uma esposa mais gentil. Fazer exercícios diariamente. Depois, quebrei cada uma das promessas.

A maioria de nós já decidiu entrar em forma, perder peso, alimentar-se bem, parar de fumar, de beber e de se estressar. As pessoas tentam se livrar das dívidas, poupar mais, gastar menos. Os mais caridosos acrescentam: fazer trabalho voluntário.

Uma vez um homem me disse que sua vida vinha sendo uma sequência de "eu, eu, eu". Ele estava tentando mudar, pensar mais no próximo e centrar sua vida em um "nós". É o que alguns chamam de servir.

Para servir ao próximo não é preciso fazer planos mirabolantes. Trata-se de fazer o bem em atos cotidianos simples. Já escrevi sobre um homem que vivia dessa maneira. Ele era apenas um homem comum. Ou pelo menos parecia.

Don entregava correspondências havia 25 anos, 18 deles cumprindo a mesma rota. Das 7h às 15h30, todos os dias, ele subia e descia de um caminhãozinho branco dos correios e visitava cerca de 500 casas e empresas.

Todo mundo na cidade se referia a ele como Don, o carteiro. Quando ele estava no caminhão, buzinava para os conhecidos que passavam. Quando estava a pé, acenava para as pessoas. Dava dicas de como consertar computadores, mostrava as últimas fotos da neta e era famoso por distribuir amostras da sua carne-seca feita em casa. E, para o caso de alguém precisar, ele sempre tinha selos.

Um dia, um vizinho chamado David notou que Don não havia passado para fazer seu itinerário. Mais tarde, Don mencionou que seus exames médicos haviam acusado um problema e ele teria de deixar o trabalho.

Don foi internado com um câncer nos rins que já havia se alastrado para os pulmões. Os médicos disseram que ele provavelmente não sairia do hospital.

As pessoas começaram a ligar para David para perguntar sobre Don. As notícias sobre a saúde dele se espalhavam pela cidade e, junto com elas, histórias sobre o carteiro. Um pai contou que um dia Don notou que havia cartões de aniversário para um de seus filhos e então acrescentou uma nota de 5 dólares à pilha de correspondências.

Uma mãe contou que seu filho com paralisia cerebral adorava cumprimentar o carteiro. Don desligava o caminhão e deixava que o menino subisse para ver como tudo funcionava. Naquele ano, o carteiro tinha comprado um caminhãozinho dos correios para o menino no Natal.

Um garoto da vizinhança disse que Don havia lhe ensinado a arremessar uma bola de beisebol e a usar o boné "de um jeito estiloso".

As histórias fizeram com que David escrevesse aos vizinhos:

> *Nosso amigo (e o melhor carteiro do mundo) está lutando com um câncer nos rins. Don iluminou muitos dos nossos dias com seu sorriso afável e sua risada contagiante. Está na hora de retribuirmos. Por favor, amarre esta fita azul em sua caixa de correio, de modo que fique bem à vista de todos (principalmente de Don!) e pense nele por um instante durante as atribulações do seu dia. Se puder, escreva um bilhete ou um cartão para Don. Ele ficará comovido. É só deixar sua mensagem na caixa de correio (endereçada a Don, o carteiro) ou levá-la à agência postal.*

Em questão de dias, havia 500 fitas e laços azuis pelas caixas de correio da cidade. Pilhas de cartões chegaram para Don.

Na véspera do Dia de Ação de Graças, o filho de Don conseguiu levá-lo de carro pelo percurso que ele havia feito por 18 anos. Don viu todas as fitas. Uma semana depois, aos 59 anos, ele morreu. Seus amigos celebraram sua vida em um boliche, com *margaritas* e carne-seca.

Algumas pessoas acreditam que os anjos são criaturas sobrenaturais com asas. Acho que anjos podem ser pessoas comuns, como Don, que distribuía bondade junto com cartas e cartões-postais. Don não precisava de asas.

A vida de Don me faz lembrar que cada dia é uma bênção. Você pode fazer alguém sorrir, gargalhar, ter esperança, cantar, pensar. O dia mais importante do ano não é o Natal, a Páscoa ou o seu aniversário. É o dia de hoje. Então, viva-o ao máximo.

Faz alguns anos, um padre jesuíta disse que eu parecia viver cuidadosamente demais. Falou que era como se eu tivesse ganhado um vestido lindo, mas, por causa do medo de sujá-lo, desistisse de ir à festa. Ele estava certo. Eu tinha tanto medo do fracasso que só ficava esperando, vendo a vida passar.

Isso mudou. O câncer expulsou meu medo.

Estou na festa e me sujando o máximo que posso... e talvez eu seja a última a ir embora.

CONHEÇA OUTROS TÍTULOS DA EDITORA SEXTANTE

O PODER DO AGORA

Eckhart Tolle

Nós passamos a maior parte de nossas vidas pensando no passado e fazendo planos para o futuro. Ignoramos ou negamos o presente e adiamos nossas conquistas para algum dia distante, quando conseguiremos tudo o que desejamos e, finalmente, seremos felizes.

Mas, se queremos realmente mudar nossas vidas, precisamos começar neste momento. Essa é mensagem simples, mas transformadora de Eckhart Tolle: viver no Agora é o melhor caminho para a felicidade e a iluminação.

Combinando conceitos do cristianismo, do budismo, do hinduísmo, do taoísmo e de outras tradições espirituais, Tolle elaborou um guia de grande eficiência para a descoberta do nosso potencial interior.

Esse livro é um manual prático que nos ensina a tomar consciência dos pensamentos e emoções que nos impedem de vivenciar plenamente a alegria e a paz que estão dentro de nós mesmos.

Deus está comigo

Rosa Almada

Quando queremos mudar uma situação ou encontrar a solução para um problema, geralmente pedimos a Deus que guie nossos pensamentos e ilumine nossos caminhos.

Mas, no fundo, talvez não tenhamos consciência do incrível poder que a oração tem sobre a nossa vida. Enquanto fazemos nossas preces, entramos em contato com nossos verdadeiros anseios, organizamos os pensamentos e passamos a enxergá-los com mais clareza e objetividade.

Foi refletindo sobre essa força transformadora que Rosa Almada teve a ideia de escrever esse livro.

Deus está comigo traz dezenas de orações para todos os momentos, com o objetivo de nos ajudar a entrar em sintonia com a centelha divina que existe em cada um de nós.

Por meio das preces reunidas nessa obra, aprendemos a usar a fé não apenas para pedir orientação, mas, principalmente, para encontrar dentro de nós a força necessária para dar o primeiro passo.

Não importa se nosso desejo é mudar de vida, resolver um problema ou encontrar a paz espiritual, Deus sempre estará ao nosso lado. Mas lembre-se: Ele apontará a direção, porém o caminho deve ser trilhado por nossos próprios pés.

Quando me conheci

Jorge Bucay

É inquestionável que todos nós estamos em busca da felicidade. Mas o que será isso? Será que tem a ver com acumular bens materiais, superar todos os adversários e ter uma carreira brilhante, ou ter um amor de cinema, em que não falte aventura?

Muitas vezes, quando pensamos em pessoas felizes, o que nos vem à mente são imagens de gente rindo, brincando ou bebendo em uma festa. A maioria de nós se esquece de que a felicidade pode ser bem mais simples.

Simples, não fácil!

Segundo Jorge Bucay, o caminho para a felicidade está em responder três perguntas fundamentais: Quem sou? Aonde vou? Com quem? É este o grande desafio que devemos enfrentar se quisermos conquistar a realização pessoal.

Em primeiro lugar, temos que nos livrar de todas as informações que nos foram inculcadas por nossos pais e pela sociedade a respeito de quem somos. Temos de amadurecer e deixar o ninho, conscientes de nossas emoções. Temos que assumir plenamente a responsabilidade por nossa vida.

Em seguida, é preciso definir o rumo. Não apenas a meta, o objetivo final, mas o caminho que seguiremos para chegar lá. Em essência, o que importa não é o destino, e sim como empreendemos a viagem.

Por fim, é importante reconhecer quem nos acompanha. É preciso que saibamos abrir mão daquelas pessoas com as quais, por algum motivo, já não podemos mais contar durante a jornada.

Somente depois que nos desapegarmos do passado poderemos abrir espaço para todas as coisas novas que surgirão em nossa vida e ser felizes de verdade.

O PODER DA PACIÊNCIA

M. J. Ryan

O trabalho se avoluma numa velocidade assustadora. A agitação das grandes cidades nos deixa exasperados. O telefone celular não para de tocar. A aceleração do mundo nos deixa estressados e, muitas vezes, infelizes. Mais do que nunca precisamos de paciência!

Em *O poder da paciência*, você encontrará várias dicas para diminuir o ritmo, relaxar e encarar a rotina de uma forma mais tranquila. A paciência nos ajuda a aproveitar ao máximo nossos talentos, a administrar a raiva, a crescer no amor e a usufruir o prazer de cada momento.

Utilizando exemplos de situações comuns do dia a dia, M. J. Ryan estimula a reflexão sobre nossos hábitos e sentimentos. E ensina que a impaciência envenena a alma, muitas vezes nos tornando pessoas grosseiras e mal-humoradas. Já a paciência, uma das virtudes mais ignoradas nos dias de hoje, é uma das formas mais eficientes para eliminar os estados de tensão e irritação.

Cheio de citações inspiradoras, histórias estimulantes e da sabedoria daqueles que já atingiram seu objetivo, esse livro mostra que a paciência é um hábito e, como tal, deve ser cultivado e exercitado. Só ela é capaz de nos colocar em sintonia com a natureza, conectados ao momento presente e mais focados em nossos verdadeiros desejos.

O poder da paciência é um maravilhoso presente que podemos dar a nós mesmos.

Não leve a vida tão a sério

Hugh Prather

A chave da felicidade é aprender a não levar a vida tão a sério. Precisamos dizer não às preocupações, colocar a mágoa de lado, desistir de controlar o mundo, usar a crise como motivação, jogar fora o lixo mental e aceitar a vida como ela é. Só que tudo isso é muito mais fácil de falar do que fazer.

O diferencial desse livro é que o autor, Hugh Prather, não se limita a dar conselhos. Ele nos diz exatamente como agir e que ferramentas usar para alcançar essas metas.

Não leve a vida tão a sério é um guia prático e bem-humorado, baseado em histórias reais que nos mostram como complicamos as coisas desnecessariamente ao brigar com o vizinho, reclamar das tarefas domésticas ou ficar de mau humor por causa de um engraçadinho que está atrapalhando o trânsito.

Prather nos faz perceber que sempre há outra maneira de encarar os problemas, mesmo os mais graves. Ele sugere 23 exercícios de libertação que podem ser feitos em 30 dias. Essas libertações são um caminho para acabar com pensamentos e atitudes que envenenam nossas corações e mentes.

O objetivo desse livro não é mudar apenas nossos conceitos sobre a vida, mas sim transformar nosso cotidiano. Essa é uma ótima oportunidade de rever velhas crenças, refletir e buscar ser mais leve e feliz.

Você pode ser feliz sem ser perfeita

Alice D. Domar e Alice Lesch Kelly

Toda mulher quer ter uma casa limpa e organizada, ser boa esposa, ótima mãe e, ao mesmo tempo, uma profissional de sucesso. Ter objetivos é natural, mas quando as expectativas em torno deles se tornam tão altas a ponto de prejudicarem sua qualidade de vida e de você só se sentir feliz se tudo estiver absolutamente perfeito, é hora de reavaliá-las.

Nesse livro você encontrará maneiras de se concentrar menos em tentar ser perfeita e focar mais no que há de maravilhoso em sua vida. Você aprenderá que suas necessidades às vezes precisam vir antes das demandas da família, do emprego e da casa e descobrirá que, para atendê-las e assumir o cuidado consigo mesma, é preciso se empenhar em manter um nível saudável de expectativas.

Em *Você pode ser feliz sem ser perfeita*, a Dra. Alice D. Domar apresenta técnicas simples, eficazes e clinicamente comprovadas que vão ajudá-la a reformular o modo como pensa e sente a vida. Com elas, você encontrará o equilíbrio, a satisfação e a felicidade que tanto deseja.

Você pode reformular suas expectativas e abraçar a vida imperfeita mas plena como deve ser. Pode se cuidar melhor e se sentir mais saudável e realizada. Você pode ser feliz sem ser perfeita.

CONHEÇA OS CLÁSSICOS DA EDITORA SEXTANTE

1.000 lugares para conhecer antes de morrer, de Patricia Schultz

A História – A Bíblia contada como uma só história do começo ao fim, de The Zondervan Corporation

A última grande lição, de Mitch Albom

Conversando com os espíritos e *Espíritos entre nós*, de James Van Praagh

Desvendando os segredos da linguagem corporal e *Por que os homens fazem sexo e as mulheres fazem amor?*, de Allan e Barbara Pease

Enquanto o amor não vem, de Iyanla Vanzant

Faça o que tem de ser feito, de Bob Nelson

Fora de série – Outliers, de Malcolm Gladwell

Jesus, o maior psicólogo que já existiu, de Mark W. Baker

Mantenha o seu cérebro vivo, de Laurence Katz e Manning Rubin

Mil dias em Veneza, de Marlena de Blasi

Muitas vidas, muitos mestres, de Brian Weiss

Não tenha medo de ser chefe, de Bruce Tulgan

Nunca desista de seus sonhos e *Pais brilhantes, professores fascinantes*, de Augusto Cury

O monge e o executivo, de James C. Hunter

O poder do Agora, de Eckhart Tolle

O que toda mulher inteligente deve saber, de Steven Carter e Julia Sokol

Os segredos da mente milionária, de T. Harv Ecker

Por que os homens amam as mulheres poderosas?, de Sherry Argov

Salomão, o homem mais rico que já existiu, de Steven K. Scott

Transformando suor em ouro, de Bernardinho

Informações sobre os próximos lançamentos

Para receber informações sobre os lançamentos da Editora Sextante, basta cadastrar-se diretamente no site www.sextante.com.br

Para saber mais sobre nossos títulos e autores e enviar seus comentários sobre este livro, visite o site www.sextante.com.br ou mande um e-mail para atendimento@esextante.com.br

Editora Sextante
Rua Voluntários da Pátria, 45 / 1.404 – Botafogo
Rio de Janeiro – RJ – 22270-000 – Brasil
Telefone: (21) 2538-4100 – Fax: (21) 2286-9244
E-mail: atendimento@esextante.com.br